FRAGMENTS DU NARCISSE :

sémiotique du texte de Valéry

Préface de Jean Hytier

À ma mère

« Cet ouvrage a été publié grâce à une subvention de la Fédération canadienne des études humaines, dont les fonds proviennent du Conseil de recherches en sciences humaines du Canada. »

FRAGMENTS DU NARCISSE :

sémiotique du texte de Valéry

Anne BOYMAN

Didier

2050 de Bleury, Montréal, Québec, Canada H3A 2J4

1982

TABLE DES MATIÈRES

PRÉFACE

Le sujet de ce livre, suggéré par la seconde partie de son titre, est une interprétation nouvelle d'un poème de Valéry. Les objectifs vont même plus loin que l'analyse, car celle-ci vise à instaurer une méthode et à proposer un modèle critique moderne.

La première partie de l'essai est constituée par la méthodologie qui va être appliquée dans la seconde partie. Le lecteur est invité à se considérer lui-même ainsi que le texte qu'il lit comme relevant du mythe de Narcisse, car tout langage est narcissique. D'où l'importance du mythe du miroir. Le texte lisible devient, dans cette conception, le texte scriptible, c'est-à-dire que le lecteur se transforme en auteur, ou, pour mieux dire, en scripteur, de façon à le distinguer de l'auteur réel. C'est que le lecteur, en raison de son narcissisme propre, finit par se contempler lui-même dans le texte. D'où la nécessité de recourir à la psychanalyse. Celle-ci révèle alors un lien, précaire et ambivalent, entre la pulsion de vie et la pulsion de mort, entre la conscience de soi et l'abolition de la conscience. Dans la symbolisation, le langage se révèle être un leurre, car la dialectique qui s'établit dans la quête de soi-même ne peut jamais aboutir à une conclusion et le sujet se trouve exclu de la chaîne signifiante en même temps qu'il y est représenté.

C'est au dix-neuvième siècle que s'est produite cette perte d'identité et, depuis cette coupure, l'écrivain oscille entre la parole et le silence, entre la vie et la mort. Quand Valéry écrit que « la recherche de la poésie est la poésie même », sa conception du langage est saussurienne. Bien d'autres remarques faites par lui anticipent sur les recherches les plus modernes et lui ont valu un renom de précurseur dans les théories les plus récentes.

L'idéal impossible de la fusion du signifiant et du signifié correspond à celui de Narcisse qui se rêve androgyne. Entre le sujet et l'écrivain fonctionne sans fin le cycle narcissique vie-mort, d'où la possibilité pour le critique d'établir un tableau double comparant le Narcisse Sujet et le Narcisse Écrivain (abrégés en N.S. et N.E.)

La recherche du sens du poème consistera à y distinguer la surface et la profondeur, c'est-à-dire à mettre en valeur l'opposition structurale Eros-Thanatos. Chez Valéry, sous le sens donné existe un sens inféré, autrement dit,

dans ce langage, la dénotation sous-tend l'édifice des connotations. Dans cette lecture du cycle narcissique, la pulsion vie-mort donne naissance à un foisonnement d'oppositions, dont les clés seront données par la surface, et qu'Anne Boyman marquera en soulignant les termes employés par une sorte de traduction. Sa lecture s'opère en deux mouvements :
A. - Réduction en séries opposées
B. - Amplification par intégration des oppositions dans le cycle narcissique.

Cette interprétation du narcissisme s'avoue franchement subjective et a-priori tout en revendiquant sa légitimité : c'est une méta-interprétation du texte. Celui-ci tourne en rond et redit toujours la même chose car une vraie lecture est toujours une lecture de soi.

La seconde partie du livre apporte l'explication systématique de ces vues. Deux tableaux parallèles des oppositions manifestées dans le vocabulaire sont suivis d'un commentaire explicitant la relation dialectique entre les deux pulsions manifestées. Le poème est ensuite reproduit et analysé en détail, les trois Fragments l'un après l'autre, mais chacun d'eux subdivisé en multiples fragments correspondant aux paragraphes. Impossible de résumer ces minutieuses traductions du clair en obscur ou de l'obscur en clair. Je signalerai seulement le passage sur les huit vers que Valéry considérait comme les plus « purs » qu'il eût écrits, car, selon lui, ils ne renvoient qu'à eux-mêmes : c'est le type même de la représentation de l'auto-suffisance narcissique dans le rêve de l'androgyne.

Chaque fragment est reconnu par Anne Boyman comme une méta-lecture et, en conclusion, le texte narcissique lui paraît devoir être figuré, plutôt que par un cercle, par une spirale, puisqu'il est caractérisé par une répétition sans résolution de la pulsion de vie à la pulsion de mort. Le texte existe, certes, mais comme l'expression d'un manque à être, il ne s'écrit que parce qu'il ne peut s'écrire : c'est là sa misère et sa grandeur. Son lecteur, à la fois actif et passif en devient à son tour le scripteur, lecteur et écrivain à la fois, Narcisse!

Comme le miroir qui donne à voir mais ne voit pas, le texte donne à lire ou à écrire, mais toujours dans le manque, signe du mouvement narcissique. Le plaisir donné par le texte devrait s'appeler plutôt jouissance, car celle-ci est in-dicible, n'existe qu'entre les lignes : elle réside dans la lecture du manque du langage à être soi. Cette jouissance ne peut se concevoir que dans ce manque à être soi, dans la perte de son objet.

Lecture du Narcisse constitue donc une contribution originale à la nouvelle critique, ou plus précisément à la critique moderniste qui, consciente du changement apporté dans la manière d'envisager la littérature sous l'influence de travaux scientifiques, d'abord en psychologie, puis en linguistique, a révisé fondamentalement les notions d'œuvre, d'auteur et de lecteur. Anne Boyman, par son analyse personnelle et révélatrice d'un poème réputé de Valéry, appuyée sur une méthodologie elle-même en partie créatrice, donne l'exemple d'une fructueuse opération qui pourrait susciter d'autres essais sur d'autres textes, non seulement de Valéry, mais de tout autre écrivain, puisque, à la limite, la notion de base du narcissisme s'est démontrée universellement applicable.

Il va de soi que l'érudition de *Lecture du Narcisse* se devait d'être impeccable, non seulement en ce qui concerne Valéry, mais surtout les recherches qui ont renouvelé la linguistique et ses applications à l'étude de la littérature. Anne Boyman s'appuie sur des citations très précises et n'ignore rien de ce qui peut justifier ses analyses, de Saussure à Jakobson, Chomsky, Barthes, etc...jusqu'aux plus récents novateurs ou exégètes : Foucault, Genette, Todorov, Ricardou, Kristeva, et, bien entendu, la tradition freudienne indépendante de Jung à Lacan. Aucune étude ne donnera davantage au lecteur le plaisir de se sentir « à la page ».

Jean Hytier

INTRODUCTION

«[F]ondamentalement, la pensée moderne s'avance dans cette direction où l'Autre de l'homme doit devenir le Même que lui» (Michel Foucault, 1966, p. 339). Foucault exprime ainsi le mode d'être essentiel de l'*epistémè* moderne, dont la caractéristique la plus marquante est d'installer l'homme à l'intérieur du savoir, donc de hanter la pensée «de l'intérieur», c'est-à-dire de retourner toute pensée sur l'homme lui-même. Dans cet acte d'auto-réflexion, de prise de conscience, dans «la venue au jour de cette part d'ombre qui retire l'homme à lui-même» (*ibid.*, p. 339), l'homme se définit finalement par son désir de ressaisir la partie de lui-même que sa pensée a érigée en objet, c'est-à-dire de chercher à retrouver l'unité de «l'Autre» avec «le Même».

Si l'*epistémè* moderne est caractérisée par la conscience de cette rupture «intérieure» à l'homme, la rupture elle-même, d'après Edgar Morin, définit le *sapiens* dans l'ordre anthropologique. Il explique que chez le *sapiens*, la mort n'est pas seulement reconnue en tant que fait (comme le reconnaissent les animaux) et en tant que perte, mais comme une transformation d'un état à un autre et comme une contrainte qui pèse sur tous les vivants. C'est dans cette pensée non totalement investie dans l'acte présent, dans cette conscience des transformations, des contraintes et du temps, que Morin (1973) voit la distinction entre le *sapiens* et les créatures qui l'ont précédé ou les animaux, par «l'émergence d'un degré plus complexe et d'une qualité nouvelle de la connaissance consciente» (p. 110).

Il semblerait, poursuit-il, que la conscience de la mort qui émerge chez le *sapiens* est constituée par l'interaction d'une vision objective (qui reconnaît et affirme la mortalité) et d'une vision subjective (qui vise à nier ou à transcender la mortalité). Entre les deux il y a donc une *brèche*, «la brèche anthropologique» : «une dualité du sujet et de l'objet, lien indéchirable, rupture insurmontable, que par la suite, de mille manières, toutes les religions et philosophies vont tenter de surmonter ou d'approfondir» (*ibid.*, p. 112).

On peut donc dire que si la brèche constitue la condition inéluctable de l'homme, elle peut, dans les représentations qu'offre l'homme de lui-même, être soit «couverte» (surmontée), soit «exposée» (approfondie). Or, le langage est le système le plus complet et le plus complexe dont dispose l'homme pour se représenter. A toute pensée, à toute *epistémè* correspond donc une philosophie du langage qui «exprime» l'homme tel qu'il se pense.

Si la caractéristique saillante de la pensée moderne est de reconnaître la rupture qui naît de toute prise de conscience et de toute objectivation, elle reconnaît également que cette rupture s'instaure principalement par le langage, la faculté de l'homme de symboliser, ou d'objectiver le monde par la nomination, qui lui permet effectivement de « dire le monde » ou de « se dire », mais toujours en tant que distance ou perte par rapport à lui-même comme sujet.

Disons brièvement (nous y reviendrons en détail plus loin) que depuis Saussure et le découpage du signe *de l'intérieur*, signifiant et signifié sont deux ordres distincts, deux flux parallèles, dont les points de correspondance sont, puisqu'arbitraires, mouvants et précaires. Ainsi, le sens échappe-t-il aux mots, et le sujet à son langage, tout en ne se définissant que par lui.

L'ouverture et la prise de conscience de la brèche qui caractérise la conception du langage a « créé », à son tour, une littérature qui peut être définie précisément en ces termes. Philippe Sollers (1968) écrit : « Si nous interrogeons l'histoire de la littérature depuis une centaine d'années, ce qui nous frappe d'abord, c'est la complexité et l'ambiguïté d'une telle aventure, sensible dans le fait qu'à un nouvel espace littéraire, à une entente et à une communication profondément modifiées, s'ajoute une réflexion qui prend place à l'intérieur de certains textes et les rend comme indéfiniment ouverts à partir d'eux-mêmes » (p. 67).

Ainsi, dans le domaine de la création littéraire, cette conscience et cette réflexion de soi à partir de soi, que l'on peut de façon très générale appeler le *narcissisme* du langage ou du texte, se présente donc comme une des caracté-ristiques dominantes de la modernité dans son ensemble. Dans cette littérature hypnotisée par elle-même, les problèmes posés par l'écriture et le langage se trouvent effectivement être le « sujet » principal du texte : « Ce mouvement, qui a pénétré en France avec Poe à travers Baudelaire, a trouvé sa parfaite expression dans Mallarmé et l'ambition d'une œuvre reposant sur une analyse raisonnée des problèmes de la création poétique.... Ces idées ont été reprises par Valéry avec une cohésion et une rigueur qu'elles n'ont pas toujours chez le Maître.... La création littéraire lui paraît une fabrication dont on peut recon-naître les règles et les lois » (Pierre Guiraud, 1953, p. 13).

En effet, si l'on se penche particulièrement sur le cas de Valéry, on voit que les poèmes et les réflexions théoriques de l'écrivain et du critique sont devenus indissociables. Valéry se regardait écrire ses vers et y inscrivait la problématique de sa création, conférant ainsi à l'écriture sa qualité narcissique. On peut alors considérer cette écriture comme un *genre*, puisqu'elle s'est vue recouper à travers le roman, le théâtre et la poésie, pour en venir finalement à représenter primordialement la conscience moderne du langage.

L'écriture «qui reconnaît la rupture» est une écriture qui, se cherchant, «n'est jamais qu'une partie d'elle-même» (Sollers, 1968, p. 11) ; elle s'oppose au concept classique d'un langage littéraire qui dit, pense et nomme dans l'illusion d'une parole «pleine» «couvrant» la rupture. Par opposition à l'«ordre» et la «bonne conscience» de la littérature classique qui nie la brèche en la dissimulant sous une surface lisse et sans heurts, les textes modernes transgressent et détruisent, dans leur «représentation de la rupture», l'ordre même de ce langage qui tente de définir l'homme et de le représenter.

Pour répondre aux questions posées par cette littérature problématique, pour «parler de la rupture», une méta-littérature critique et théorique est née, prenant autant sinon plus d'importance que les œuvres qu'elle tente d'élucider. Pour Sollers, «[l]a théorie a pour fonction de marquer que l'écriture textuelle reconnaît la *science* comme seule habilitée à lui donner sa réalité et ses «significations» : sa formalisation appelle celle de la science, sa littéralité s'ouvre à la formalisation de la science, elle constitue un objet pour la science en même temps qu'un objet pour sa propre extension, elle est en dialectique avec elle-même et avec la science» (*ibid.*, p. 11).

Effectivement, face à une «nouvelle écriture», il a été nécessaire d'élaborer une «nouvelle critique», fondée sur une vision de la littérature comme production ou fonctionnement, susceptible d'être explicitée en conjonction avec la linguistique, science du fonctionnement du langage. Rappelons que c'est Valéry qui a énoncé le «canon» de la critique linguistique dans ces mots désormais célèbres : «[*L*]*a littérature est, et ne peut être autre chose qu'une sorte d'extension et d'application de certaines propriétés du langage*» (*OEuvres*, I, 1440).* Il est généralement admis que la linguistique structurale est née avec la phonologie, et la postulation de l'existence d'unités minimales distinctives et fonctionnelles, les phonèmes, valeurs abstraites, dont la réalité est d'appartenir à un système (la langue), et non pas d'être étudiés en tant que manifestations isolées.

S'inspirant du même modèle, la critique structuraliste a pris son essor lorsque le texte a été envisagé comme fonctionnant uniquement à l'intérieur de son propre système, et non plus dans ses circonstances extérieures ou sa fonction documentaire. Valéry, de nouveau, a explicité le fait que l'art n'est pas la représentation d'autre chose, et que l'exercice littéraire se réduit à un vaste jeu combinatoire à l'intérieur du système préexistant qu'est le langage (Gérard Genette, 1966, p. 262).

Mais afin d'analyser le texte selon le modèle structural conçu pour répondre aux besoins de l'étude phonologique (le signifiant), il a été nécessaire de

---

*Les références à l'œuvre de Valéry se font de la façon suivante dans notre texte : *OEuvres*, no. du volume, no. de la page ; *Cahiers*, no. du volume, no. de la page.

considérer le texte comme système de signes clos (ou comme langue), où l'opération structurale de découpage en oppositions et d'agencement des éléments pourrait en principe être effectuée. Aussi, en faisant porter l'analyse sur le signifiant (la forme) du texte, la critique linguistique a souvent délaissé le problème du signifié, tronquant donc le signe, et par là, l'essence même de toute création verbale.

Pourtant, Roland Barthes (1966), l'un des premiers porte-parole de la critique linguistique, avait tout de suite averti qu'une fois les formes posées, il faut rencontrer des contenus qui viennent « d'ailleurs » : «[L]a spécificité de la littérature ne peut être postulée qu'à l'intérieur d'une théorie générale des signes : pour avoir le droit de défendre une lecture immanente à l'œuvre, il faut savoir ce qu'est la logique, l'histoire, la psychanalyse ; bref, pour rendre l'œuvre à la littérature, il faut précisément en sortir et faire appel à une culture anthropologique » (p. 37).

La critique a pu effectivement « analyser » le texte selon différents modèles linguistiques, mais la conception du texte-système en « vase clos » a donc souvent éliminé non seulement le sens du texte, mais aussi, par définition, certains aspects essentiels de la communication littéraire. Selon Serge Doubrovsky (1966), «[à] travers le texte écrit ou la pièce jouée, à travers la beauté des mots ou la rigueur de la construction, *un homme parle de l'homme aux hommes.* L'objet esthétique, sur ce point, ne constitue qu'un cas particulier des relations avec autrui, un mode spécial d'apparition de l'Autre » (p. 52).

C'est-à-dire qu'il faut voir que la prime fonction du langage est d'être acte de parole, contenant en elle la présence d'un sujet manifestant le discours, et dirigé vers un autre sujet récepteur du message. Or si, dans le texte moderne, la mise en représentation de la rupture est l'expression d'une certaine vision moderne de l'homme et du langage, elle entraîne avec elle, dans sa destruction de l'expression même, une crise de la lisibilité ou de la lecture. Car si cet ordre du langage, qui est ordre social plus qu'individuel, permet la communication et donc la réception des messages, comment le lecteur peut-il appréhender le sens d'un texte qui subvertit cet ordre, selon une expression individuelle mise en œuvre par le procès de l'écriture? En d'autres termes, comment récupérer et reconstruire un sens à partir d'une rupture, d'une subversion, d'une destruction?

Nous estimons qu'il est surtout important de reconnaître que le texte moderne se définit non simplement par le fait d'être vu ou ressenti comme langage (exigence à laquelle pourrait satisfaire une critique purement linguistique), mais surtout par sa conscience d'être soi, ou d'être langage. C'est la conscience qui crée (qui est) véritablement la brèche. Pour lire le texte moderne, il faudra donc, en fin de compte, lire la conscience du texte ou lire la rupture inscrite dans le texte, rupture qui en constitue véritablement le sens.

Le statut de la théorie est tel à présent qu'il est non seulement possible mais entendu que l'on passe d'un code à l'autre dans ce que Eco, après Peirce, appelle « *unlimited semeiosis* », afin de cerner le problème en question. Or, pour répondre au problème du texte dans les termes où nous l'avons posé, c'est-à-dire du point de vue de la conscience d'être soi (langage), il nous semble que le « stade du miroir » et « l'accès au Symbolique » tels qu'ils sont proposés par la théorie lacanienne, expliquent de façon essentielle ce mouvement narcissique, cette «identité aliénante» (Jacques Lacan, 1966, p. 94) qui, dans la conception moderne, fonde l'être de l'homme et du langage, et qui, nous le verrons, constitue l'essence du texte qui sera l'objet de notre lecture : « Fragments du Narcisse » de Valéry.

Valéry est reconnu, nous l'avons vu, comme ayant été l'un des premiers à avoir révélé la nature intrinsèquement linguistique du texte, mais il a également saisi — et ceci n'a pas été pleinement démontré — l'essence même de l'*epistémè* moderne dans le sens du retour sur soi de la conscience, par rapport au sujet et au langage.

C'est cette question essentielle (dans la pensée moderne et dans l'œuvre de Valéry) que nous proposons de traiter dans ce travail; plus spécifiquement, nous tenterons d'élucider la situation particulière du sujet de la lecture face au sens du texte que l'on peut appeler narcissique.

Nous considérons qu'une approche inspirée de certaines positions déterminantes de Lacan, fondées sur plusieurs prémisses freudiennes, fournira l'appareil conceptuel nécessaire pour établir un *modèle* de lecture du genre de texte dont le poème de Valéry représente un exemple particulièrement probant. Nous espérons donc que la portée de ce travail dépassera l'élaboration et l'application d'une théorie à un seul texte, et permettra de jeter une lumière aiguë sinon nouvelle sur certains problèmes centraux de l'écriture moderne en général et de l'écriture valérienne en particulier.

I
LE TEXTE SCRIPTIBLE

1. Le texte narcissique

La « modernité », désignée comme telle depuis la «coupure» du dix-neuvième siècle, désigne donc principalement une littérature qui, se distanciant d'elle-même, se regarde et s'analyse comme objet linguistique. Cette distance qui permet la prise de conscience de l'objet, est la condition nécessaire pour que l'écriture jusqu'alors « innocente » devienne une écriture consciente d'elle-même ou narcissique.

Dans *Le Degré zéro de l'écriture*, Barthes (1953) explique la progression du double mouvement d'objectivation et de repliement de la littérature sur elle-même :

Tout le dix-neuvième siècle a vu progresser ce phénomène dramatique de concrétion. Chez Chateaubriand, ce n'est encore qu'un faible dépôt, le poids léger d'une euphorie du langage, une sorte de narcissisme où l'écriture se sépare à peine de sa fonction instrumentale et ne fait que se regarder elle-même. Flaubert — pour ne marquer ici que les moments typiques de ce procès — a constitué définitivement la Littérature en objet, par l'avènement d'une valeur-travail : la forme est devenue le terme d'une «fabrication» comme une poterie ou un joyau (il faut lire que la fabrication en fut «signifiée», c'est-à-dire pour la première fois livrée comme spectacle et imposée). Mallarmé, enfin, a couronné cette construction de la Littérature-Objet, par l'acte ultime de toutes les objectivations, le meurtre : on sait que tout l'effort de Mallarmé a porté sur la destruction du langage, dont la Littérature ne serait en quelque sorte que le cadavre. (p. 11)

Foucault (1966) précise davantage, dans *Les Mots et les choses*, la transformation profonde qui est venue bouleverser les fondements mêmes du langage et de la littérature dans leur fonction et leur être à cette même époque cruciale :

C'est qu'au début du XIXe siècle, à l'époque où le langage s'enfonçait dans son épaisseur d'objet et se laissait, de part en part, traverser par un savoir, il se reconstituait ailleurs, sous une forme indépendante, difficile d'accès, repliée sur l'énigme de sa naissance et tout entière référée à l'acte pur d'écrire.... De la révolte romantique contre un discours immobilisé dans sa cérémonie, jusqu'à la découverte mallarméenne du mot en son pouvoir impuissant, on voit bien quelle fut, au XIXe siècle, la fonction de la littérature par rapport au mode d'être moderne du langage. Sur le fonds de ce jeu essentiel, le reste est effet : la littérature se distingue de plus en plus du discours d'idées, et s'enferme dans une intransitivité radicale ; elle se détache de toutes les valeurs qui pouvaient à l'âge classique la faire circuler (le goût, le plaisir, le naturel, le vrai), et elle fait naître dans son propre espace tout ce qui peut en assurer la dénégation ludique (le scandaleux, le laid, l'impossible) ; elle rompt avec toute définition de « genres » comme formes ajustées à un ordre de représentations, et devient pure et simple manifestation d'un langage qui n'a pour loi que d'affirmer — contre tous les autres discours — son existence escarpée ; elle n'a plus alors qu'à se recourber dans un perpétuel retour sur soi, comme si son discours ne pouvait avoir pour contenu que de dire sa propre forme : elle s'adresse à soi comme subjectivité écrivante, où elle cherche à ressaisir, dans le mouvement qui l'a fait naître, l'essence de toute littérature ; et ainsi tous ses fils convergent vers la pointe la plus fine singulière, instantanée, et pourtant absolument universelle —, vers le simple acte d'écrire. (p. 313.)

Baudelaire écrivait déjà, en 1857, à la suite de Poe : « La Poésie… n'a pas d'autre but qu'elle-même…. Elle n'a pas la Vérité pour objet, elle n'a qu'Elle-même » (cité par Daniel Delas et Jacques Filliolet, 1973, p. 39). Nous avons déjà fait allusion à Valéry comme étant l'un des premiers à avoir adopté la double fonction d'écrivain-critique et à avoir institué les problèmes de la création comme sujet principal de sa poésie. Mentionnons encore Gide, qui écrit dans son *Journal* : « J'aime assez qu'en une œuvre d'art, on retrouve ainsi transposée, à l'échelle des personnages, le sujet même de cette œuvre » (cité par Jean Verrier, 1972, p. 59), et Ricardou, autre écrivain-théoricien, qui écrit ce théorème à propos du récit : « *Les grands récits* se reconnaissent à ce signe que la fiction qu'ils proposent *n'est rien d'autre que* la dramatisation de leur propre fonctionnement » (*ibid.*, p. 58).

On a souvent parlé des *Faux-Monnayeurs* ou de *Paludes* ou déjà de *Jacques le Fataliste* comme roman « réfléchi ». Dans ces œuvres, le narrateur fait intrusion dans le cercle des personnages, nous rendant conscients d'un certain lieu de production du texte, contrastant avec le récit traditionnel où le narrateur était omniprésent et de ce fait senti comme absent. Mais dans la littérature profondément narcissique dans son essence, c'est le procès même de l'écriture qui est reflétée par la fiction (*ibid.*, p. 60). La littérature a tout dit, écrit Blanchot, tout ce qui lui reste est de « se dire elle-même » (cité par Adrian Marino, 1972, p. 119).

La question du narcissisme en littérature n'a jamais été étudiée que de façon partielle et presque fortuite ou accidentelle. Nous nous proposons maintenant d'examiner les différentes approches grâce auxquelles on a essayé d'expliquer ce phénomène moderne de résorption de l'écriture en elle-même.

Rappelons d'abord, afin de cerner plus correctement le problème, l'opposition essentielle entre deux types de discours, décrite par Tzvetan Todorov (1967) de la façon suivante :

> [I]l existe deux pôles dans la conscience humaine du langage : le discours transparent et le discours opaque. Le discours transparent serait celui qui laisse visible la signification mais qui est lui-même imperceptible : ce serait là un langage qui ne sert qu'à « se faire entendre ». En face de lui, il y a le discours opaque qui est si bien couvert de « dessins » et de « figures » qu'il ne laisse rien entrevoir derrière ; ce serait un langage qui ne renvoie à aucune réalité, qui se satisfait en lui-même. (p. 102)

A ces deux conceptions du langage correspondent deux conceptions de la littérature et donc deux conceptions de la lecture. Dans la perspective traditionnelle, le texte est une représentation du monde et la lecture est une activité transitoire, « traversées de l'Expression au Moi, de la Représentation au Monde, des Mots aux Choses, du Langage au Réel, bref de l'accessoire à l'essentiel » (Jean Ricardou, 1971a, p. 9).

Cela a mené à une esthétique de la clarté : le texte doit être transparent pour évoquer l'univers romanesque, mais ne doit pas être senti comme langage. Ainsi, il existe un rapport sans problème entre texte et sens, ce qui rend l'acte de la lecture relativement peu problématique. Ce que le texte dit est son message, sa vision du monde. L'auteur acquiert ainsi une importance essentielle : c'est lui qui a quelque chose à dire.

Or, comme nous l'avons déjà mentionné, depuis le dix-neuvième siècle, la transparence se trouble, et la littérature ne trouve sa spécificité que dans un certain usage du langage. Le sens, qui est le produit de diverses combinaisons de la matière signifiante sélectionnée, reste pour ainsi dire intérieur à l'œuvre, et devient facilement ambigu et polysémique à cause des permanents conflits sémantiques.

Le texte n'est plus un produit, comme dans la littérature traditionnelle, mais une production : le lieu et l'effet d'un certain travail. Devenu opaque, le texte s'impose donc en tant que langage au lecteur : au lieu de passer à travers lui, le lecteur s'y heurte et doit en prendre conscience. Il est, à son tour, forcé à fournir un certain travail, l'opacité et l'ambiguïté (et donc la difficulté de la saisie du sens) allant nécessairement de pair. Puisque le texte opaque s'expose et se désigne comme langage, et est donc conscient de lui-même en tant que littérature, il sera caractéristique de cette littérature renvoyant vers elle-même, que l'on peut désigner métaphoriquement comme narcissique.

L'opposition histoire/discours d'Émile Benveniste (1966, p. 238) ou récit/ discours de Genette (1969, pp. 61 et suite), bien qu'elles ne soient pas précisément symétriques à transparence/opacité, tentent également d'opposer et de définir la qualité auto-référentielle du texte par contraste à sa nature purement discursive. L'histoire ou le récit (ou encore l'énoncé) se réfère au texte (ou à une partie du texte) dont les événements semblent se raconter eux-mêmes. La troisième personne est généralement utilisée et il n'y a guère d'intervention de la part du locuteur. Nous y reconnaissons bien entendu le texte classique dont Balzac est un cas des plus caractéristiques.

Lorsque le texte se fait discours (ou énonciation), il y a référence à l'instance de discours grâce à un nombre d'indices qui «pointent» vers l'acte d'écrire, démasquant le lieu de la production. Ces indices, appelés «*shifters*» par Jakobson (1963, p. 178) (traduit par «embrayeurs»), sont des unités grammaticales dont la caractéristique est de renvoyer obligatoirement au message et de ne s'appliquer jamais à plus d'une chose à la fois. Ces embrayeurs sont les pronoms personnels de la première et deuxième personne, les indices de l'ostentation (*deixis*) comme les démonstratifs, les adverbes de temps et de lieu, les interrogations, le vocatif et l'impératif — bref, tous les éléments qui établissent un certain sujet comme origine et centre de l'énonciation.

Il faut reconnaître deux types de signes linguistiques : par exemple *arbre* par opposition à *je*. Le mot *arbre* renvoie toujours au même référent et n'implique pas d'instance de discours, alors que pour *je*, le référent est redésignable à chaque fois et n'est donc pas dissociable d'une certaine présence manifestant le discours.

La tendance de la littérature moderne est de résorber le récit ou l'histoire dans le discours. Plus le texte se fait discours, plus nous y trouvons ces éléments grammaticaux qui se réfèrent à l'acte d'écrire. Le texte se replie donc de plus en plus sur lui-même, jusqu'à ne plus être qu'une auto-référence permanente, sans espace représentatif.

Julia Kristeva (1974b) note qu'on a beaucoup insisté dernièrement sur le fait que la *mimesis* n'est pas une imitation de l'objet, mais une reproduction du trajet de l'énonciation (p. 57n). La question de la référentialité a souvent été remise en cause par les théoriciens modernes. Le fait est que nous ne «voyons» rien, si ce n'est le sens, au niveau de l'écriture, et non de la référence. Même dans les textes considérés les plus représentatifs, nous n'assistons, comme dit Ricardou (1971b), qu'à une «tentative *d'illusionisme*» (p. 25). Le texte littéraire ne peut avoir qu'un simulacre de référent, puisque la définition de ce dernier est d'être en dehors du signe.

Traditionnellement, la distinction que nous avons établie entre la littérature classique et moderne (nous avons surtout fait allusion au roman), se faisait entre la prose et la poésie. La prose était transparente, transitive ; son objet était de communiquer un sens préexistant. Elle donnait l'impression d'être simplement dénotative. La poésie par contre était considérée comme un état de langage, une fin en soi, un système connotatif et polysémique. Elle était par conséquent opaque et devait être interprétée.

Mais, écrit Barthes (1966), depuis la « coupure », « il n'y a plus poètes ni romanciers : il n'y a plus qu'une écriture » et l'écrivain se définit « par une certaine *conscience de la parole* » (p. 46). Ricardou (1971b) objecte aussi à cette distinction traditionnelle ; pour lui, la littérature, qu'elle soit prose ou poésie, est un monde clos, avec son propre système, qui ne renvoie pas au monde, mais à lui-même (pp. 9-32).

Si l'on ne peut plus parler de genres, mais seulement d'une écriture (c'est-à-dire d'une certaine forme de discours), il nous semble que la fonction poétique de Jakobson s'avère être un outil particulièrement propice pour décrire la spécificité du discours littéraire, et pour nous aider à définir plus précisément le texte narcissique.

Dans son modèle désormais célèbre des six fonctions de la communication, Jakobson (1963) souligne le fait que « la diversité des messages réside non dans le monopole de l'une ou de l'autre fonction, mais dans les différences de hiérarchie entre celles-ci. La structure verbale d'un message dépend avant tout de la fonction prédominante » (p. 214). L'une de ces fonctions, la fonction poétique, est « la mise en relief du message par lui-même » (*ibid.*, p. 30). Jakobson précise : « La fonction poétique n'est pas la seule fonction de l'art du langage, elle en est seulement la fonction dominante, déterminante, cependant que dans les autres activités verbales elle ne joue qu'un rôle subsidiaire, accessoire. Cette fonction, qui met en évidence le côté palpable des signes, approfondit par là même la dichotomie fondamentale des signes et des objets » (*ibid.*, p. 218). Ailleurs il écrit que « cette fonction comporte une attitude introvertie à l'égard des signes verbaux » (1973, p. 485).

Pour Jakobson donc, tout ce qui est senti comme littéraire est replié sur soi et coupé du monde de la référence. Le fait est, selon lui, que cette fonction poétique est mise en évidence à des degrés qui peuvent varier dans les différentes manifestations verbales et certainement aussi, dans une plus ou moins grande mesure, dans les différentes modalités du texte littéraire. Ce repliement sur soi serait donc minimal (et non ressenti comme tel) dans un texte qui se veut principalement message (texte transparent), et maximal dans un texte qui cherche en premier lieu à se désigner comme tel (texte narcissique).

Il faut ici établir une distinction fondamentale pour cette étude, entre ce que nous appellerons une « variante faible » et une « variante forte » du texte narcissique. Nous situerons dans la variante faible tout texte qui fait partie de la modernité dans son ensemble, c'est-à-dire tout texte conscient de soi comme littérature et dont la « fonction » prédominante et l'objet principal est de s'exposer en tant que tel.

Face à cette variante faible, nous pouvons définir une variante forte : le texte où la conscience de soi comme littérature en devient véritablement le sujet. Dans ce genre de texte, la fonction poétique atteindrait son paroxysme, puisque l'auto-référence y atteint son plus haut degré. Barthes (1953) a pu dire que l'œuvre moderne est « impossible » (p. 123) — impossible, parce que comme le Narcisse mythique, elle se cherche et essaie en vain de s'appréhender.

Dans ces cas extrêmes, où la recherche de soi devient l'essence de l'expérience littéraire, le texte vacille entre se dire et se taire dans son désir de saisir sa propre parole, tout comme Narcisse vacille entre l'être et le non-être lorsqu'il tente de rejoindre son image. Faut-il ajouter que cet état est paradoxal, bien entendu, puisque le texte nous parle de son incapacité de se dire, mais il est aussi commun à toutes les tentatives d'appréhension d'un absolu.

Il devient maintenant évident que l'œuvre de Valéry se place dans cette variante forte de la littérature narcissique, vu que ses créations, comme nous l'avons déjà brièvement expliqué, sont fondamentalement, sous une forme ou une autre, des répétitions du mouvement de l'écriture à la recherche d'elle-même.

Si nous nous posons dans la perspective du lecteur, nous pouvons voir que l'ambiguïté, qui se présente comme corollaire de tout discours replié sur lui-même (Jakobson, 1963, p. 238), doit à plus forte raison présenter certaines particularités spécifiques dans un texte où le narcissisme n'est plus seulement un état, mais le sujet même de l'écriture. L'objet de cette étude sera précisément d'expliquer comment le lecteur s'insère dans le jeu du sens d'un texte que l'on pourrait considérer, en quelque sorte, narcissique au deuxième degré.

2. Le lecteur comme scripteur

Todorov (1975) nous rappelle que lorsque le problème de la lecture a été envisagé dans le passé, c'était surtout dans deux perspectives opposées : soit la variabilité historique ou sociale, collective ou individuelle du lecteur, soit le lecteur comme personnage ou « narrataire ». Or, entre les deux, il y a, dit-il, un domaine inexploré : celui de la logique de la lecture, non représentée dans le texte, et pourtant antérieure à la variation individuelle (p. 417).

Barthes (1970b) déclare s'être intéressé à cet aspect universel de la lecture dans S/Z : « [I]l est faux de voir dans mon travail une 'lecture de Balzac' : c'est une lecture... de la lecture » a-t-il déclaré dans une entrevue (Raymond Bellour, 1970, p. 6). En effet, il interroge sa lecture pour saisir la forme de toutes les lectures :

> Je n'ai pas reconstitué un lecteur (fût-ce vous ou moi) mais la lecture. Je veux dire que toute lecture dérive de formes trans-individuelles : les associations engendrées par la lettre du texte (mais où est cette lettre?) ne sont jamais, quoi qu'on fasse, anarchiques ; elles sont toujours prises (prélevées et insérées) dans certains codes, dans certaines langues, dans certaines listes de stéréotypes. La lecture la plus subjective qu'on puisse imaginer n'est jamais qu'un jeu mené à partir de certaines règles. D'où viennent ces règles? Certainement pas de l'auteur, qui ne fait que les appliquer à sa façon (elle peut être géniale, chez Balzac, par exemple) ; visibles bien en deçà de lui, ces règles viennent d'une logique millénaire du récit, d'une forme symbolique qui nous constitue même avant notre naissance, en un mot, de cet immense espace culturel dont notre personnage (d'auteur, de lecteur) n'est qu'un passage. (1970b, p. 22.)

Or, c'est précisément dans la lignée de la recherche d'universaux que nous nous situons, puisque nous voulons établir un modèle de lecture répondant aux problèmes posés par un genre de texte. Nous ne tenons donc pas à analyser les particularités de psychismes individuels et les réactions personnelles au phénomène littéraire en général, comme cela a été le cas dans la plupart des travaux de l'« école » anglo-américaine, influencés dans une plus ou moins forte mesure par la théorie du *behaviorism*. Nous cherchons plutôt à élucider certains mécanismes fondamentaux qui permettront de répondre aux problèmes suscités par un genre de texte particulier.

La théorie linguistique de la communication s'établit sur les prémisses suivantes : « [U]n message émis par le destinateur doit être perçu adéquatement par le receveur. Tout message est codé par son émetteur et demande à être décodé par son destinataire. Plus le destinataire est proche du code utilisé par le destinateur, plus la quantité d'information obtenue est grande » (Jakobson, 1963, p. 176).

Dans le domaine de la lecture, on peut dire que le code peut ou non être commun au texte et au lecteur. Or, le code du lecteur est le code de la langue naturelle dans laquelle il encode et décode habituellement des messages; en termes chomskyens, la langue dont il possède la compétence.

Nous avons vu que toute une littérature était axée sur le désir de communiquer un message au lecteur. Dans ces cas, l'information inscrite dans le texte est perçue de façon relativement peu problématique par le lecteur, car les deux pôles de la communication partagent le même code. Mais lorsque le lecteur se trouve devant un texte où le code de la langue naturelle est subverti, il ne peut plus exercer sa compétence linguistique « normale ».

C'est dans cette différence, ou cette distance entre les codes du texte et du lecteur que se situe le travail. Travail de la part de l'encodeur (en l'occurrence l'auteur du texte) et de la part du lecteur pour décoder le texte. Valéry a écrit que « la grande cause de l'effet d'obscurité … c'est le travail accumulé » (cité par Jean Hytier, 1953, p. 99).

Nous avons déjà mentionné que dans sa définition de la fonction poétique, Jakobson souligne le fait que l'ambiguïté est un corollaire obligé de tout discours littéraire (où la fonction poétique domine). Mais dans un texte transparent, dit représentatif, l'ambiguïté est facilement éliminée, car ce genre de discours assure une certaine linéarité qui permet au lecteur de se « construire » une compréhension de l'œuvre.

Todorov (1975) parle de la « lecture comme construction » (p. 417) dans les textes de fiction classique, aux phrases référentielles. Mais, souligne-t-il, seules les phrases référentielles permettent la construction, or, toute phrase n'est pas nécessairement référentielle. En effet, dans un texte principalement auto-référentiel, le repliement sur soi caractéristique de la fonction poétique est pour ainsi dire doublement posé et l'ambiguïté est à son tour intensifiée. Les rapports « normaux » du langage et donc la linéarité qui assure la compréhension sont détruits, et le discours est ramené à des « stations de mots » (Barthes, 1953, p. 72). On peut donc dire qu'un texte qui se caractérise par un repliement sur soi « intensif », devient par la divergence extrême de son code par rapport à celui du lecteur, pratiquement « illisible » pour celui-ci.

La distinction établie par Barthes (1970a) dans *S/Z* entre le texte lisible et le texte scriptible, s'avère être particulièrement utile ici, puisqu'il se place dans la perspective du rôle joué par le lecteur. Le texte lisible est le texte classique dont le déroulement suit un ordre logico-temporel, donc linéaire et irréversible. C'est une littérature-produit dont le sens est fixé, sens que le lecteur, plongé dans une sorte d'oisiveté, ne peut que recevoir ou rejeter (p. 10).

Face au texte lisible s'établit le texte scriptible, texte qui se caractérise par sa productivité. Cette productivité, ce travail, est dû à la non-congruence des codes du lecteur et du texte. Le texte scriptible se caractérise encore par sa réversibilité et son intemporalité. La langue, non mobilisée selon les normes de la communication ordinaire, permet une pluralité de sens, une ouverture infinie du texte, apte en conséquence à faire du lecteur un authentique producteur du texte.

Pour Barthes, « l'enjeu du travail littéraire (de la littérature comme travail), c'est de faire du lecteur, non plus un consommateur, mais un producteur du texte » (*ibid.*, p. 10). Le texte scriptible est un « présent perpétuel... c'est *nous en train d'écrire* » (*ibid.*, p. 11). Lire, dans cette perspective, c'est donc nommer les sens, les produire, au fur et à mesure que les lignes se déroulent sous nos yeux. La seule façon pour le lecteur de s'inscrire dans le jeu du sens du texte scriptible (ou « illisible »), est de s'y insérer pour en quelque sorte le réécrire. En d'autres mots, il sera obligé de trouver une « entrée » dans le texte afin de pouvoir repasser sur les traces de l'élaboration de l'œuvre pour en devenir à son tour le scripteur.

Dans sa lecture de *Sarrasine* de Balzac, texte classique, Barthes démontre, en un contrepoint continu, ce qu'est ou devrait être un texte moderne scriptible. Il établit cinq codes : proaïrétique (des actions), herméneutique (de la logique des questions et des réponses), sémique (thèmes et personnages), référentiel (culturel) et symbolique.

Si les quatre premiers codes assurent la linéarité, l'irréversibilité donc la « lisibilité » de ce texte classique, le code symbolique, lui, confère une certaine mesure de « scriptibilité » au texte, car il est « le lieu propre de la multivalence et de la réversibilité » (*ibid.*, p. 26). On peut « entrer » dans ce champ symbolique par plusieurs voies, dont aucune n'est privilégiée, car « le réseau textuel, à son niveau symbolique, est réversible » (*ibid.*, pp. 220-1). Ce texte, pourtant foncièrement classique, frôle et suggère donc, dans une certaine mesure, l'écriture dite de la modernité.

Nous essaierons maintenant de situer « Fragments du Narcisse » par rapport aux deux pôles de l'écriture définis par Barthes. Citons Valéry : « Symbolisme poétique. Le symbolisme (le nôtre) est simplement l'usage, l'utilisation habile de la pluralité de significations et d'associations d'un mot » (*Cahiers*, III, 864). Bien avant Jakobson, Valéry soulignait : « L'ambiguïté est le (domaine) propre de la poésie. Tout vers est équivoque, plurivoque... » (*Cahiers*, VI, 343). On sait que Valéry méprisait le roman classique, sans doute, précisément, à cause de son manque de « symbolicité ». On peut se demander ce qu'il aurait pensé du roman moderne, fruit du même genre de labeur qui ne revenait autrefois qu'à la poésie.

Pour Valéry, la poésie est primordialement travail qui rend, nous l'avons vu, le texte productif. Il écrit que le poète peut « transformer le consommateur en producteur par voie de difficulté » (cité par Walter Ince, 1961, p. 87). Ailleurs il précise : « Il faut l'interposition d'un élément impénétrable et nouveau qui agisse sur l'être d'autrui pour que tout l'effet de l'art, tout le *travail* demandé au patient par le travail de l'auteur puisse se produire. Créateur est celui qui fait créer » (cité par Hytier, 1953, p. 242). Traduit dans le langage de Barthes, l'ambiguïté, ou la pluralité des sens résultant de la littérature-travail, transforme le lecteur en scripteur du texte.

L'idéal poétique de Valéry était ce qu'il appelait la poésie pure, poésie sans mélange, qui évite à tout prix ce qui mène à la prose (Hytier, p. 112). Valéry semble vouloir vider le poème de toute sa matière, donc de toute référence. Cette définition correspond à l'idéal du texte scriptible, puisque c'est la référence (le renvoi vers la réalité logico-temporelle extérieure) qui limite la pluralité et la réversibilité du texte lisible.

Or, Valéry a révélé que « Fragments du Narcisse » contient huit vers qui sont ceux qui lui « ont coûté le plus de travail » et qu'il « considère comme les plus parfaits » de tous ceux qu'il a écrits. Ces vers, dit-il, « sont par ailleurs absolument vides d'idées et atteignent ainsi à ce degré de pureté qui constitue justement ce que je nomme poésie pure » (cité par Hytier, p. 117).

La poésie symbolique à l'extrême (ou poésie pure dans la terminologie de Valéry), qui ne fait qu'évoquer son existence en tant que poésie, implique plusieurs caractéristiques essentielles. Résultant d'un travail textuel, vidé de référence, un tel texte possède nécessairement les caractéristiques du texte narcissique tel que nous l'avons défini — en l'occurrence, l'opacité et l'ambiguïté, auxquelles nous pouvons maintenant ajouter la réversibilité et la scriptibilité. S'inscrivant dans le cadre de la poésie symbolique et atteignant à certains moments l'idéal de pureté auquel aspirait Valéry, l'on peut donc s'attendre à ce que « Fragments du Narcisse » se présente comme un texte éminemment scriptible.

Revenons à Barthes. Il prévient (1970a), tout au long de sa lecture, qu'il ne veut pas *construire* le texte (le propre du texte lisible), car « tout signifie sans cesse et plusieurs fois, mais sans délégation à un grand ensemble final, à une structure dernière » (p. 18). Il ne cherche donc pas à structurer chaque code ni les cinq codes entre eux. Interpréter, selon lui, n'est pas donner un sens au texte, mais apprécier de quel pluriel il est fait (*ibid.*, p. 11). Cependant, Barthes contredit manifestement son projet en arrivant à une sorte d'interprétation globale psychanalytique par le biais du champ symbolique.

Lorsqu'on lui a fait remarquer dans une entrevue que son travail allait à l'encontre de ses intentions, il a avoué que le fond symbolique du texte en assurait la dynamique et représentait donc une sorte de matrice du sens (Bellour, 1970, p. 4). Bien qu'il désire « laisser parler » le pluriel du texte, Barthes succombe au désir fondamental de le réduire à ce qu'on pourrait appeler sa « structure profonde », sorte de noyau de base latent qui permet d'expliquer le pluriel apparent.

On peut considérer que toute œuvre qui ne renvoie pas vers l'extérieur, le monde, raconte nécessairement une certaine « aventure » du langage (l'opacité du texte ne pouvant que renvoyer vers l'intérieur de l'élaboration langagière créée). Nous avons déjà insisté sur la facilité relative du décodage du texte qui se veut message, où la communication est assurée par la correspondance entre la compétence linguistique du lecteur et la performance du texte, c'est-à-dire lorsque les deux partagent le même code.

Mais face au texte « illisible » (qui subvertit les normes de la langue naturelle), le lecteur a deux possibilités : il peut soit essayer de « pénétrer » le texte pour qu'il lui parle de lui-même, s'il ne lui parle pas du monde (l'ambiguïté de la référence de « lui-même » est significative — nous y reviendrons), soit abandonner tout simplement la lecture. En effet, s'il lit la surface selon les critères linguistiques auxquels il est habitué dans le texte lisible, ce texte n'évoquera rien qui lui permette de cristalliser un sens — bref, ne lui « dira » rien.

On peut dire, de façon générale, que lire produit un effet de reconnaissance et non de connaissance. Cette sensation de retrouver par la lecture les éléments d'une œuvre qui préexistent en nous vaut pour la littérature dite référentielle aussi bien que non référentielle. Lorsqu'un texte nous présente une vision du monde, nous y reconnaissons un monde dont nous avons connaissance, un monde auquel nous pouvons littéralement faire référence, et dans lequel nous pouvons éventuellement nous projeter. Lorsque cette référence extérieure est absente, le lecteur devra donc tâcher de reconnaître le texte à un autre niveau. (Notons que la littérature fantastique ou la science-fiction représentent des cas particuliers qui ne rentrent pas dans cette catégorisation.)

Or, un texte renfermé sur lui-même, qui ne parle pas du monde mais seulement de lui-même, peut parler au lecteur de lui-même (comme texte) et au lecteur en tant que lui-même (comme « sujet de la lecture »). En s'insérant dans le jeu de miroirs du texte qui se regarde, le lecteur, en lisant le texte, finit par se contempler lui-même. On voit donc déjà le trajet circulaire s'accomplir : le lecteur devient le scripteur du texte narcissique lorsqu'il y reconnaît son propre narcissisme et rejoint le texte en s'y insérant pour retracer le complexe narcissique mis en jeu par le texte. «Comprendre complètement», dit Valéry, «c'est pouvoir reproduire la chose non comme écho, mais comme acte de soi» (*Cahiers*, V, 400).

La rencontre du texte et du lecteur se fait au niveau d'un certain *inter-psychisme* — c'est-à-dire par la rencontre de certains universaux que partagent la «profondeur» du texte et la psyché du lecteur. Il faut dès lors tenter d'expliquer le processus qui permet à cet interpsychisme entre le texte et le lecteur de s'accomplir, de montrer comment le lecteur devient scripteur en s'inscrivant et se réfléchissant dans le narcissisme du texte. «La psychanalyse», écrit Michel Crouzet (1970), «est... proche de toute discipline, de toute décou-verte individuelle qui fonde la critique sur l'expérience intérieure, ou définit comme Proust la lecture comme lecture de soi» (p. 895).

Nous tenons à souligner le fait que nous prenons la psychanalyse comme «monument» de notre culture et que nous l'envisageons dans la mesure où elle peut élucider certains comportements psychiques que la théorie psychanalytique met à notre disposition. Nous ajouterons enfin que le biais psychanalytique, comme tout autre biais, ne «rend pas compte» de tous les aspects du texte. Comme l'écrit André Green (1969) dans *Un OEil en trop* : «[L]'interprétation psychanalytique n'est pas exhaustive, elle est spécifique. Nulle autre voie ne peut tenir son discours à sa place, de même qu'elle ne peut se substituer à aucune autre» (p. 37).

Il faudra donc accepter l'inévitable mouvement réducteur de la psychana-lyse, dans l'espoir qu'elle nous permettra de formuler, mieux que toute autre approche, le processus qui entre en jeu lors d'un certain mécanisme psychique, ici, en l'occurrence, la lecture du texte narcissique.

II
LE NARCISSISME

«[L]e miroir ferait bien de réfléchir un peu plus avant de nous renvoyer notre image. »

(Lacan, 1966, p. 239.)

1. Narcisse-sujet

Introduit par Havelock Ellis dès 1898, le terme « narcissisme » désignait « la tendance... des émotions sexuelles, à être absorbées et parfois entièrement perdues dans l'admiration de soi-même » (Jean Laplanche, 1970, p. 117). Evoquant l'auto-érotisme et l'amour exclusif de soi, qui fonctionnent à l'encontre de l'ordre social, le terme a communément connoté — et connote souvent encore — un sens en grande mesure défavorable. C'est Freud qui, reprenant le terme et lui conférant un sens plus large et universel, a délivré le narcissisme de son caractère d'aberration. Dans la théorie freudienne, « l'amour de soi » a été établi comme base du comportement psychique normal, bien qu'aussi, dans certains cas, pathologique.

En 1910, dans « Three Essays on the Theory of Sexuality », Freud utilise le terme pour la première fois à propos des homosexuels. Dans cet article, il explique que tous les enfants traversent un phase d'intérêt érotique pour eux-mêmes, phase narcissique, qui est normalement dépassée. Cependant, il prévient que la durée et l'intensité de cette phase peuvent être déterminantes dans la genèse de l'homosexualité si elles excèdent une certaine limite considérée comme normale.

En 1913, il précise que cette tendance primitive ne disparaît jamais complètement et que l'homme reste, durant toute sa vie, dans une certaine mesure, narcissique (Michel Renard, 1969, p. 181). C'est en 1914, dans « On Narcissism : An Introduction », considéré comme plaque tournante dans l'évolution de sa pensée, que Freud établit définitivement le narcissisme comme concept fondamental qui se retrouve chez tous les individus et à toutes les périodes de la vie.

Dans cet article, il examine de près la relation entre le moi et les objets et en vient à transformer radicalement sa théorie des instincts. (Freud élaborera, au sujet des instincts, trois théories dichotomiques le long de son œuvre.) Dans ses premiers écrits, il estimait que la pulsion oppositionnelle fondamentale qui déterminait le psychisme humain était l'instinct sexuel versus l'instinct du moi (non sexuel) ou instinct de préservation. Mais dans « On Narcissism : An Introduction », il abandonne l'idée que la libido (énergie instinctuelle) consiste uniquement en l'énergie de l'instinct sexuel dirigé vers un objet, car il observe que la libido est souvent retirée de l'objet pour être redirigée vers le moi.

Ainsi, Freud (*S.E.*)* développe sa deuxième théorie des instincts et postule que le « réservoir de libido » se trouve à l'origine dans le moi, et qu'une partie de cette libido sera normalement dirigée vers les objets (extérieurs au moi) mais qu'elle est en quelque sorte toujours reliée à la masse initiale et sera donc toujours susceptible d'y retourner de nouveau, comme, selon la comparaison célèbre, les pseudopodes rétractiles d'une amibe (XIV, 75).

Il semble que plus la libido est « investie » dans les objets, moins il reste de « libido narcissique », et, inversement, plus la libido est concentrée sur le moi, moins il y a d'investissement dans les objets (*ibid.*, p. 76). L'état d'accomplissement le plus extrême de la libido d'objet est l'état amoureux, lorsque le sujet semble projeter tout son « réservoir » d'énergie libidinale dans l'objet au point de négliger son propre moi.

Par contre, les états caractéristiques du repliement sur soi de la libido (où les objets sont « désinvestis ») sont le sommeil, la maladie, l'hypochondrie (*ibid.*, p. 83) et la mélancolie (*S.E.*, XIV, 249-50). Freud souligne que c'est seulement lorsque la libido est incapable de retrouver son chemin vers l'objet que le retrait narcissique devient pathologique, mais que l'action même de ce retrait est parfaitement normale (*S.E.*, XVI, 421).

Nous tenons dès à présent à préciser une distinction très importante pour la compréhension du phénomène du narcissisme, distinction qui nous permettra de mieux cerner l'aspect du concept qui nous intéresse pour ce travail. Il s'agit de l'opposition entre le narcissisme primaire et le narcissisme secondaire. Jean Laplanche et J.-B. Pontalis (1967) définissent les deux termes de la façon suivante : « Le narcissisme primaire désigne un état précoce où l'enfant investit toute sa libido sur lui-même. Le narcissisme secondaire désigne un retournement sur le moi de la libido, retirée de ses investissements objectaux » (p. 263). Ils ajoutent que ces termes ont dans la littérature psychanalytique et même dans la seule œuvre de Freud des acceptions très diverses qui empêchent d'en donner une définition univoque plus précise.

---

*Les références à l'œuvre de Freud se font de la façon suivante dans notre texte : *S.E.* (*Standard Edition*), no. du volume, no. de la page.

Le narcissisme secondaire présente cependant relativement moins de difficultés. Plutôt une sorte de réflexe que véritablement un état, il désigne, nous l'avons vu, le retournement de la libido sur le moi dans certaines circonstances observables, telles que le sommeil, la maladie, etc.

Le narcissisme primaire, qui nous intéresse particulièrement pour notre étude, est une notion beaucoup plus problématique. Il y a, chez Freud même, des variations quant au moment de la constitution d'un tel état. Dans ses premiers écrits, ce stade se situerait entre l'auto-érotisme primitif et l'amour d'objet. Mais lors de l'élaboration de la deuxième théorie des instincts (avec « On Narcissism : An Introduction »), le narcissisme connote plutôt un premier état de la vie, caractérisé par une indifférenciation totale du moi et des objets, dont la vie intra-utérine serait l'archétype, et dont le sommeil représenterait une reproduction plus ou moins parfaite. C'est cette dernière acception du terme qui est généralement admise dans la théorie psychanalytique : le narcissisme primaire serait donc « un état rigoureusement 'anobjectal' ou du moins 'indifférencié', sans clivage entre un sujet et un monde extérieur » (Laplanche et Pontalis, 1967, p. 264).

Certains rejettent totalement l'existence d'un tel stade, car d'emblée, chez le nouveau-né, ne fût-ce que par les contacts avec la mère, on peut considérer qu'il existe des relations d'objet. Ainsi, l'état idéal que représente l'enfant au sein de sa mère, état où la dualité sujet-objet n'est soi-disant pas encore opératoire, peut être rejeté comme étant purement théorique. D'un autre côté, on peut estimer avec Freud, que ce premier état idéal existe véritablement, et à tel point que toute relation subséquente n'est qu'une tentative pour retrouver ce modèle primordial.

En surface, le Narcisse légendaire présente la caractéristique dominante du narcissisme secondaire : retrait sur soi de la libido au point où il reste totalement insensible aux objets extérieurs à lui, qu'ils soient masculins ou féminins. Condamné à n'aimer que soi, il mourra en tentant de se rejoindre : il tombe dans l'eau, le miroir qui lui renvoyait cette image fascinante de lui-même. Mais ce mythe, répété et transformé le long des siècles, représente, à un autre niveau, un conflit beaucoup plus essentiel. Il reprend les lignes de force du complexe narcissique considéré de son point de vue plus fondamental : le narcissisme primaire.

Dans « Civilization and Its Discontent », Freud explique que dans les premiers moments de la vie, jouissant encore du « sentiment océanique » qui caractérise le narcissisme primaire, l'enfant au sein de la mère ne distingue pas encore son moi du monde extérieur. Mais, dit Freud, il doit être fortement affecté par le fait que certaines sources de plaisir, qu'il reconnaîtra plus tard comme étant son propre corps, peuvent lui procurer du plaisir à n'importe quel moment, alors que d'autres sources lui échappent de temps à autre, entre elles, celle qu'il désire le plus : le sein de sa mère : « In this way, then, the ego detaches itself from the external world. Or, to put it more correctly, originally, the ego includes everything, later it seperates off an external world from itself. Our present ego-feeling is, therefore, only a shrunken residue of a much more inclusive — indeed, an all-embracing — feeling which corresponded to a more intimate bond between the ego and the world about it » (*S.E.*, XXI, 68).

Dans le narcissisme primaire, le soi et l'extérieur sont unis dans un monde de plaisir : l'être cherchera donc, sa vie durant, à retrouver cet état de bien-être sans limites : « The development of the ego consists in a departure from primary narcissism and gives rise to a vigorous attempt to recover that state » (*S.E.*, XIV, 100). Le désir d'objet sera toujours en fait le désir de retrouver ce modèle primordial et restera donc foncièrement narcissique : la libido humaine cherchera à aimer un monde tel qu'il s'aime lui-même (Norman Brown, 1959, p. 46).

Mais retrouver l'état anobjectal du narcissisme primaire revient à trouver la mort, seul état qui permettra à l'être le retour dans l'indifférencié. Ceci nous mène à la troisième et dernière théorie des instincts de Freud, formulée dans « Beyond the Pleasure Principle » : la lutte entre pulsion de vie et pulsion de mort ou Eros/Thanatos, opposition que nous prendrons comme fondement de notre étude.

S'inspirant de la biologie, Freud postule qu'il semble y avoir, dans la vie organique, une tendance inhérente de la matière à retrouver un état originel, primitif, inanimé. En même temps, il découvre qu'il existe dans la vie psychique de l'individu, ce qu'il appelle une « compulsion de répétition », qui trahirait dans chacun ce même désir de retrouver un état antérieur. Il en vient à déclarer que « *the aim of all life is death* » (*S.E.*, XVIII, 38) car l'émergence de la vie provoque la continuation de la vie, mais en même temps, une recherche de la mort ; en fait, la vie elle-même serait un conflit permanent et un compromis entre ces deux tendances.

La pulsion de vie, ou Eros, se caractérise donc par le désir de préserver et d'enrichir la vie en créant, par la fusion sexuelle, de nouvelles unités. La pulsion de mort met en jeu les tendances destructrices et agressives de l'être : en désirant retrouver l'état inanimé qu'est la mort, elle cherche à annuler l'état de tension que représente la vie. (La composante sadique de l'instinct sexuel est l'exemple classique de la fusion de ces deux pulsions.)

La naissance déchire donc l'homme de l'idéal inanimé de la non-existence et le destine à sa mort, seul état qui lui permette de retrouver cet idéal. Avant Freud, chez les romantiques, ce qu'on appelait « le sentiment de la nature » représente ce même désir de fusion avec la nature dans le sens d'un retour à l'univers archaïque, où l'homme ne se sentirait pas distinct des choses.

Une des objections qu'on peut faire à la notion de narcissisme primaire comme état totalement anobjectal est que même du point de vue étymologique, le terme « narcissisme » se réfère à une image de soi, à une relation spéculaire, à un « autre ». Si le narcissisme peut, dans son sens le plus commun, être défini comme l'amour de soi, il peut, dans un sens plus fondamental, désigner la conscience de soi. Sans conscience, il n'y a pas d'objet, pas d'amour, même si cet objet n'est autre que soi : Narcisse ne tombe amoureux de lui-même que lorsqu'il prend conscience de sa propre image, et, la tragédie qui en résulte provient précisément de cette prise de conscience. Cherchant à rejoindre l'image de lui-même, Narcisse met en jeu le processus caractéristique de la requête de l'état narcissique primordial : l'état idéal d'indifférenciation qui ne se trouve que dans la mort.

« Se mirer », écrit Gilbert Durand (1969), « c'est déjà un peu s'ophéliser et participer à la vie des ombres » (p. 109). L'identification narcissique de soi dans le miroir manifeste cette tendance au suicide de l'homme, s'aliénant lui-même dans un double, comme le Narcisse légendaire, qui, cherchant à rejoindre son image, culbuta dans l'eau et s'y noya. En effet, à force de se mirer et de prendre conscience de son image, Narcisse se distancie de plus en plus de lui-même (car plus il y a de prise de conscience de l'objet, plus le moi s'en sépare), alors qu'il cherche à nier la séparation en essayant désespérément de se rejoindre. Il ne pourra plus que mourir pour réaliser ce désir qui est incompatible avec la vie.

Le mythe de Narcisse exprime donc, à son niveau le plus fondamental, la condition paradoxale de l'homme : vivre dans un état d'aliénation sans jamais pouvoir prendre conscience de l'état idéal qu'est la mort. On peut conclure que le narcissisme constitue le lien précaire et ambivalent entre la *vie* (la conscience de soi) et la *mort* (l'abolition de la conscience), qui détermine l'état conflictuel inhérent à la condition humaine.

Dans le « stade du miroir », Lacan (1966) a réexpliqué la signification de la phase narcissique et son rapport avec la pulsion de mort. Au cours de son développement, l'enfant à la recherche de lui-même va investir d'une libido narcissique tout ce qui peut à ses yeux le représenter. Or, entre six et huit mois se produit la reconnaissance de soi dans le miroir accompagnée de plaisir intense. L'enfant voit la totalité de son corps en une image et prend conscience de lui-même comme entité distincte. La phase du miroir acquiert chez Lacan une importance primordiale, non pas pour sa valeur intrinsèque mais parce qu'elle préfigure tout le drame de la dialectique entre le soi et la conscience de soi. Le stade du miroir a donc une double importance, positive et négative :

positive en ce qu'il représente un premier pas dans l'acquisition de la conscience de la totalité de soi, et négative en ce qu'il n'est en fait que la phase déterminante de l'aliénation humaine.

Conscience et aliénation vont, comme nous l'avons vu, de pair. Dès que le soi prend conscience de son image et que celle-ci s'enracine dans l'imaginaire du sujet, une dialectique insurmontable s'instaure. A partir de ce moment-là, quels que soient les efforts où l'esprit tente de rejoindre sa réalité, son essence, la fusion demeurera toujours impossible. L'identification de cette forme première de soi est donc le stade narcissique où le sujet demeure fixé à une image fascinante et aliénante de lui-même. Cette objectivation donne naissance au désir de soi, perçu comme désir d'un «autre», extérieur à soi, et provoquera donc le désir de retrouver l'unité fondamentale dans la mort.

On peut voir, dès lors, l'implication du stade du miroir sur la sexualité. Lacan (1975b) écrit à ce sujet :

> L'analyse démontre que l'amour dans son essence est narcissique, et dénonce que la substance du prétendu objectal — baratin — est en fait ce qui, dans le désir, est reste, à savoir sa cause, et le soutien de son insatisfaction, voire de son impossibilité.
>
> L'amour est impuissant, quoiqu'il soit réciproque, parce qu'il ignore qu'il n'est que le désir d'être Un, ce qui nous conduit à l'impossibilité d'établir la relation d'eux. La relation d'*eux* qui? — *deux* sexes.
>
> (p. 12.)

Dans «Three Essays on the Theory of Sexuality», Freud raconte la fable qui est supposée refléter l'essence de l'instinct sexuel : à l'origine, les êtres ont été coupés en deux — homme et femme — et ces deux moitiés s'efforcent perpétuellement de s'unir à nouveau par l'amour (*S.E.*, VII, 136). L'homme créa donc le mythe de l'androgyne, symbole de l'être parfait, d'une totalité originaire, une *coïncidentia oppositorum* — état paradoxal dans lequel les contraires existent dans une même unité (Mircea Eliade, 1962, p. 152).

Si dans son expérience immédiate, l'homme est constitué par des couples de contraires, les mythes de la *coïncidentia oppositorum* trahissent la nostalgie d'un paradis perdu où l'opposition est résolue. Le mot *androgyne* lui-même effectue dans le langage la coïncidence des opposés, la conjonction, l'union des contraires.

En s'aimant lui-même, et en refusant la séparation des sexes, Narcisse «déplace cette différence sur celle, plus radicale, qui sépare le vivant du mort» (Jean Bellemin-Noël, 1972, p. 51). Vouloir se suffire à soi-même sexuellement ou désirer l'état androgyne revient à désirer la mort, les deux étant un retour à l'indifférencié, dans la totalité originaire.

Le choix d'objet de Narcisse représente non seulement l'amour auto-sexuel, mais aussi l'homosexualité et la bisexualité (androgyne) : en s'aimant lui-même, il aime nécessairement un être du même sexe que lui (le narcissisme et l'homo-sexualité sont d'ailleurs généralement liés dans la théorie psychanalytique), et s'aimer soi-même trahit le désir de transcender la séparation des sexes et de se suffire à soi-même, ce qui est le propre de l'être bisexuel ou androgyne.

La reconnaissance du corps propre dans le miroir entraîne l'entrée dans l'*Imaginaire* (Lacan 1966). La fonction de l'*imago* « est d'établir une relation de l'organisme à sa réalité — ou, comme on dit, de l'*Innenwelt* à l'*Umwelt* » (p. 93). Il instaure la « relation duelle », « immédiate », un dédoublement en miroir où le soi et l'autre passent l'un dans l'autre et se perdent dans ce jeu de reflets. A ce stade, il y a déjà objectivation, mais la confusion entre soi et l'autre est encore toujours opératoire. L'Imaginaire, première étape dans l'aliénation humaine, est en fait une précondition pour l'entrée dans le *Symbolique*, où le procès d'aliénation du sujet d'avec lui-même se fera de façon définitive.

Le propre de l'homme réside dans sa faculté de symboliser : c'est ce qui le distingue de l'animal et en fait un être « rationnel » et « conscient ». Selon la célèbre formule d'Ernst Cassirer (1970), l'homme est essentiellement un « animal symbolicum ».

Benveniste (1966) écrit que « le langage représente la forme la plus haute d'une faculté qui est inhérente à la condition humaine, la faculté de symboliser. Entendons par là, très largement, la faculté de représenter le réel par un 'signe' et de comprendre le 'signe' comme représentant le réel, donc d'établir un rapport de 'signification' entre quelque chose et quelque chose d'autre » (p. 26).

Pour Ricœur (1965), le symbolique désigne le commun dénominateur de toutes les manières d'objectiver, de donner un sens à la réalité. C'est l'universelle médiation de l'esprit entre nous et le réel. Le symbolique veut exprimer avant toute chose la non-immédiateté de notre appréhension de la réalité. « Vouloir dire autre chose que ce que l'on dit, voilà la fonction symbolique » (p. 21).

Quant à Lacan, l'accentuation du conditionnement symbolique de l'homme et de la médiation instituant le leurre est un des points essentiels de sa théorie. Il insiste sur le fait que le symbolisme langagier s'impose à l'enfant comme système déjà constitué avant qu'il ne se l'approprie : le sujet sera pour ainsi dire façonné par les structures propres de l'ordre du langage.

Or, le langage est la manifestation d'une distorsion irréductible entre signifiant et signifié (cf. la barre séparatrice entre les deux faces du signe). Lacan illustre la naissance du langage et son autonomie par rapport à la réalité par le célèbre jeu de l'enfant avec la bobine (utilisé à l'origine par Freud pour expliquer la compulsion de répétition). La bobine de fil rejetée et ramenée par l'enfant

« représente » l'absence et la présence de la mère, et est remplacée par des symboles langagiers : Fort! et Da! Cette alternance de sons démontre déjà explicitement l'abîme qui se creuse entre le signifiant et le signifié qu'il est censé représenter.

Le signifiant ne rejoint le signifié que par la médiation de l'ensemble des signes du langage, en ce sens que chaque mot n'acquiert de sens que par le jeu interrelationnel des éléments de la phrase. Cette médiation a une importance capitale dans la théorie lacanienne, car elle engage le sujet dans un ordre de signes qui le distancie de la réalité immédiatement vécue, et l'éloigne progressivement de la réalité de son essence.

Au moment de l'Œdipe, l'enfant s'insère dans l'ordre du langage par l'appropriation de la catégorie grammaticale du *je*. Selon Benveniste (1966), c'est dans et par le langage que l'homme se constitue comme sujet parce que le langage seul fonde en réalité le concept de l'*ego* : « Est 'ego' qui dit 'ego' » (p. 260) ou, comme il dit encore : « *je* est l'individu qui énonce la présente instance de discours contenant l'instance linguistique *je* » (p. 252).

Aussi, la conscience de soi n'est-elle possible que si elle s'éprouve par contraste avec le *tu*, actualisant le concept du non-moi et créant une dialectique qui fonde la subjectivité. Le langage est donc la condition de la prise de conscience de soi comme entité distincte, et, par extension, de l'aliénation de soi. De la même façon, mais plus décisivement que lors du stade du miroir, l'homme se trouve dans ce *double bind* : il peut se désigner en tant que totalité distincte, mais le fait de ce pouvoir l'éloigne à jamais de sa vérité.

L'histoire du sujet décentré par rapport à lui-même est donc une dialectique sans fin de quête vaine de soi-même. Le sujet du verbe consomme son aliénation en essayant de rejoindre ce qu'il croit être son essence : dans son discours même, « [l]e sujet ne s'y engage-t-il pas dans une dépossession toujours plus grande de cet être de lui-même... » (Lacan, 1966, p. 125)?

En résumé, le langage est un leurre à l'égard de la vérité, et puisqu'il n'y a pas de pensée sans langage, la connaissance du monde, de soi et des autres ne pourra être vécue que comme distance par rapport au *Réel*, c'est-à-dire comme aliénation ou mensonge. L'accès au *Symbolique* ou la médiation du sujet par le langage, divise donc irrémédiablement le sujet de lui-même, parce qu'il est exclu de la chaîne signifiante en même temps qu'il y est « représenté ».

Remarquons dès à présent que ce double mouvement de la *division* (du sujet d'avec lui-même) et de ce qu'on peut appeler la *non-disjonction* (la reprise du sujet par lui-même), qui se trouve institué au niveau le plus fondamental du conditionnement humain, s'avérera une structure essentielle dans les étapes subséquentes de notre travail.

2. Narcisse-écrivain

Dans nos propos sur le texte narcissique, nous avons expliqué que depuis la «coupure» du dix-neuvième siècle, au lieu de chercher comme avant à représenter le monde, l'écriture est aujourd'hui hantée par sa propre représentation : «Si l'on peut bien dire que notre époque se définit par sa découverte du langage, il semble aussi qu'elle le perd dans l'acte même de cette découverte ; en devenant le miroir de lui-même, le langage perd l'innocence et l'efficacité de la parole» (Olga Bernal, 1969, p. 15).

On peut considérer que la littérature d'avant la coupure était fondée sur la croyance en l'identité du langage et de la réalité : ce que disait le langage n'était jamais d'ordre purement linguistique, mais reposait toujours sur un fonds de référentialité extralinguistique. Cependant, quand le langage n'est plus qu'une série de signes, une déchirure irréparable se produit entre langage et réalité, le verbe perd son pouvoir, et la littérature devient littérature de l'impossible, de l'infaisable.

La situation existentielle de l'écrivain, conscient de cette impuissance du langage à véhiculer la vérité se fait extrême : comme Narcisse, qui oscille entre la vie (la conscience de son désir) et la mort (le retour dans l'indifférencié) dans le désir de se rejoindre, l'écrivain oscille entre la parole et le silence dans le désir de se dire.

L'effort de l'écrivain, tout comme celui de Narcisse, est voué à l'échec. Blanchot (1949) écrit : « La littérature est cette expérience par laquelle la conscience découvre son être dans son impuissance à perdre conscience, dans le mouvement où, disparaissant, s'arrachant à la ponctualité d'un moi, elle se reconstitue, par delà l'inconscience, en une spontanéité impersonnelle, l'acharnement d'un savoir hagard, qui ne sait rien, que personne ne sait et que l'ignorance trouve toujours derrière soi comme son ombre changée en regard » (pp. 333-4).

Mais l'écrivain, s'il veut se dire, doit parler et est contraint aux mots. Encore Blanchot (1943) : « l'effort pour atteindre à l'absolue nécessité et, par là, à l'absolue vanité est lui-même toujours vain. Il ne peut aboutir, et c'est cette impossibilité d'aboutir, d'arriver au terme où il serait comme n'ayant jamais abouti, qui le rend constamment possible » (p. 23).

Dans son étude *Mythes et mythologies dans la littérature française*, Pierre Albouy (1969) écrit que la légende de Narcisse tient peu de place dans notre littérature avant la fin du dix-neuvième siècle, et qu'alors, elle apparaît comme le mythe symboliste par excellence (p. 174). Cette constatation pourrait s'expliquer par le fait que le poète symboliste, tout comme Narcisse, se heurte à sa finitude de mortel dans sa tentative d'appréhender un absolu ; pour l'un, l'absolu de la poésie : la poésie elle-même, pour l'autre, l'absolu de l'amour : l'amour de soi.

Toute la période symboliste, à la suite de Poe, a pris, nous l'avons dit, la poésie elle-même comme « sujet » principal. L'œuvre de Valéry en est l'un des exemples les plus probants. Il écrit à Lefèvre : « Pour qui s'intéresse de très près au travail même du vers, il importe peut-être assez peu de varier les sujets.... C'est que j'incline à croire que l'essence de la poésie est la recherche de la poésie même » (Frédéric Lefèvre, 1926, pp. 67-8). Le mythe de Narcisse, symbole de cette recherche constante et vaine, semble avoir obsédé Valéry durant toute sa carrière poétique : « Je concevrais fort bien qu'un poète amoureux de son art se contentât de refaire, sa vie durant, toujours le même poème, en donnant, tous les 3, 4 ou 5 ans, une variation d'un thème une fois choisi » (*ibid.*).

De 1890 à 1938, les poèmes sur Narcisse jalonnent son œuvre : « Ce thème de Narcisse que j'ai choisi est une sorte d'autobiographie poétique », écrit-il (1946, p. 283). C'est dans « Fragments du Narcisse », écrit en 1921, que nous trouvons l'exploration la plus exhaustive du mythe ; c'est dans ce texte que la théorie et la poésie se rencontrent. James Lawler (1963) écrit : « Pour Valéry le mythe de Narcisse est 'le plus simple des drames possibles' : la confrontation de l'esprit et du corps ; du moi et de son apparence..., la dualité d'absence et de présence, de désir et de l'impossibilité d'appréhender complètement l'objet du désir se joue sur le propre miroir du protagoniste qui est le poème.... Narcisse et son image, le créateur et son poème, sont séparés bien que miraculeusement, périlleusement liés » (p. 95).

Il est frappant de noter à quel point les réflexions de Valéry sur le sujet rejoignent les écrits les plus récents de la psychanalyse : « N'est-ce point penser à la mort que se regarder au miroir? N'y voit-on pas son périssable? L'immortel y voit son mortel. Un miroir nous fait sortir de notre peau, de notre visage. Rien ne résiste à son double » (*Œuvres*, I, 332). Ou, « Entre tous les objets, ce toi-moi. L'origine a un point symétrique. Loi du Narcisse. On abstrait le mirage. Alors il y a un Autre. Quel est celui-ci? qui fait voir ce qui voit... » (*Cahiers*, VIII, 241), ou encore, « Narcisse : Un miroir nous montre *Quelqu'un*, à la place même où nous croyons être *tout*. Il y a un objet, un 'corps' soumis à tous les accidents, mais qui obéit au maître des lois » (*ibid.*, p. 234).

Ailleurs il écrira que le drame de Narcisse est « celui qui *se* voit sans *se* reconnaître » (*Cahiers*, XV, 873). Notons encore cette formule saisissante : « Je ne suis pas ce (celui) que je suis. *Non sum qui sum* » (*ibid.*, p. 274). Parfois, poème et théorie se rejoignent dans ses méditations : « Narcisse comme un fou courait à sa fontaine / Au risque de périr tant il pensait à soi » (*Cahiers*, VIII, 449).

« Le coup de maître de Valéry », écrit Jean Bellemin-Noël (1972), « ... consiste à faire parler la '*narcissité*' même » (p. 34). C'est-à-dire que Valéry ne traite pas le mythe de Narcisse de façon allusive, décorative ou incidentelle, mais saisit le mécanisme narcissique (du sujet et de l'écrivain), dans ce qu'il a de plus universel et essentiel.

« Entre la Voix et la Pensée, entre la Pensée et la Voix, entre la Présence et l'Absence, oscille le pendule poétique » (*Œuvres*, I, 1333). Valéry exprime ainsi la tension propre au texte poétique. Sa conception du langage est essentiellement saussurienne : il existe une barre séparatrice entre signifiant et signifié qui sont arbitrairement liés : « Chaque mot est un assemblage instantané d'un *son* et d'un *sens*, qui n'ont point de rapport entre eux » (*ibid.*, p. 1328).

Enfreignant et transcendant précisément l'être même du langage, l'absolu de la poésie, la « poésie pure », doit tendre vers une « symbiose du son et du sens » (cité par Hytier, 1953, p. 85) car « la valeur d'un poème réside dans l'indissolubilité du son et du sens » (*Œuvres*, I, 1333) et « c'est l'affaire du poète de nous donner la sensation de l'union intime entre la parole et l'esprit » (*ibid.*).

Refusionner le signifiant avec le signifié, le langage avec lui-même, correspond à l'idéal androgyne de Narcisse : abolir la barre séparatrice (à l'intérieur du langage ou entre les sexes), afin d'éliminer toute aliénation ou tension.

Il faut voir que la problématique du sujet « nourrit » la problématique du langage car l'une découle de l'autre : en effet, on peut dire que si le stade du miroir provoque une première aliénation (la perte de soi par rapport à la manifestation imaginaire) et donc le désir de soi, l'accès au *Symbolique*, « deuxième » aliénation (cette fois par rapport à la manifestation langagière), entraîne le désir de saisir le langage (afin de pouvoir se dire dans le langage), sans perte ou distance par rapport à la « vérité ».

Narcisse face à l'eau, l'écrivain face à la page blanche, confrontent tous les deux des absolus sur lesquels ils désirent s'imprimer (Narcisse par l'image, l'écrivain par le langage), afin de pouvoir rejoindre ces absolus par la trace qui les définit (tout en provoquant leur perte). Le texte narcissique (la tentative de récupération du langage par le sujet) est la résultante de ces deux aliénations (la deuxième présupposant la première).

Notons que dans ce sens on pourrait considérer toute manifestation langagière comme étant narcissique (le résultat d'une aliénation et d'un désir). D'ailleurs, parmi les diverses acceptions du concept du narcissisme en littérature, on peut trouver des références à l'idée que tout texte peut être dit narcissique, dans le même sens où tout amour est foncièrement amour de soi. Pour notre étude, nous maintiendrons toutefois notre définition (variante forte) : le texte narcissique est le texte où la problématique perte/désir/tension est inscrite dans la production textuelle.

Si le narcissisme constitue à la base le lien entre les deux pôles oppositionnels pulsion de vie/pulsion de mort, il faut comprendre que la problématique narcissique n'est pas linéaire mais qu'elle se présente plutôt comme un cycle : cycle, car le mouvement d'aliénation, de perte et de désir qui la définit est un mouvement sans véritable résolution, qui ne peut être envisagé que dans les termes d'une quête perpétuelle.

Afin de résumer et de clarifier nos propos sur Narcisse-sujet (dorénavant N.S.) et Narcisse-écrivain (dorénavant N.E.), nous proposons un tableau qui décompose et articule les différents point névralgiques oppositionnels du complexe narcissique (engendrés par vie/mort), que l'on pourrait appeler le « cycle narcissique ».

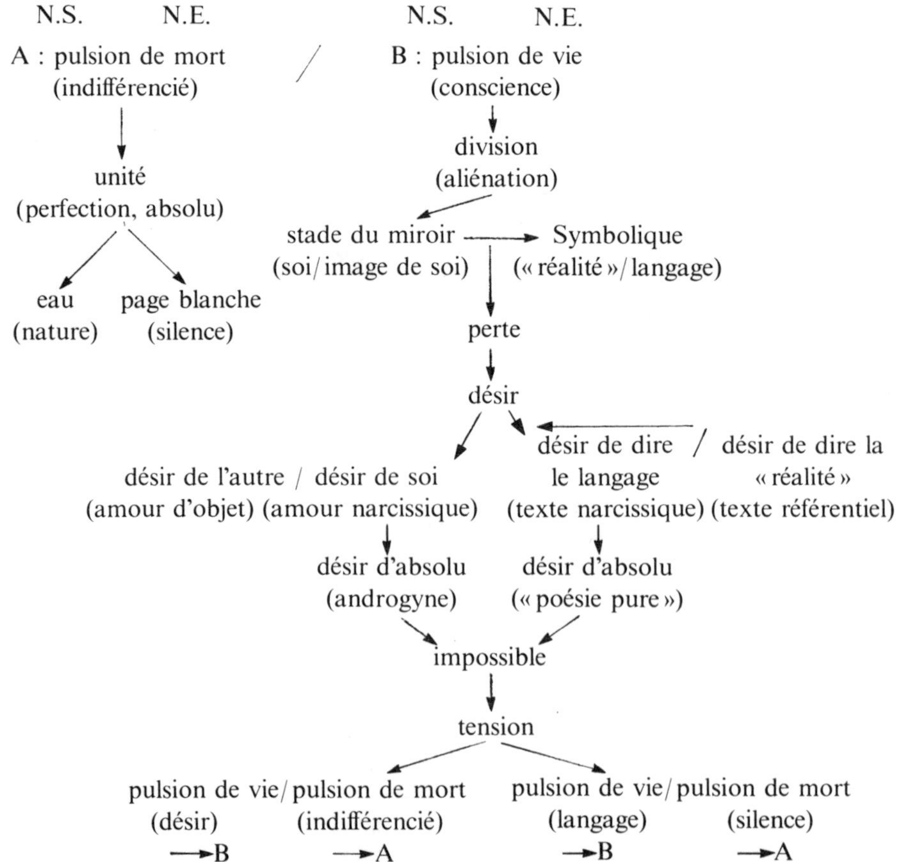

III
LA RECHERCHE DU SENS

1. Le symbole et la structure

Si l'on examine de près le terme « symbole », on s'aperçoit que la division et la non-disjonction (dont nous avons parlé à propos du conditionnement symbolique de l'homme) se retrouve dans la genèse et le fondement de cette notion :

> A l'origine, le symbole est *un objet coupé en deux*, fragments de céramique, de bois ou de métal. Deux personnes en gardent chacune une partie, deux hôtes, le créancier et le débiteur, deux pèlerins, deux êtres qui vont se séparer longtemps.... En rapprochant les deux parties, ils reconnaîtront plus tard leurs liens d'hospitalité, leurs dettes, leur amitié. Les symboles étaient encore, chez les Grecs de l'Antiquité, des signes de reconnaissance, qui permettaient aux parents de retrouver leurs enfants exposés. Par analogie, le mot s'est étendu aux jetons, qui accordent le droit de toucher soldes, indemnités, ou vivres, à tout signe de ralliement, aux présages et aux conventions. Le symbole sépare et met ensemble : il comporte les deux idées de séparation et de réunion : il évoque une communauté, qui a été divisée et qui peut se reformer. Tout symbole comporte une part de *signe brisé* ; le sens du symbole se découvre dans ce qui est à la fois brisure et lien de ses termes séparés.
> (Jean Chevalier et Alain Gheerbrant, 1973, p. xxii.)

Etymologiquement, que ce soit « *sumbolon* » en grec, « *mashal* » en hébreu, ou « *Sinnbild* » en allemand, le terme qui signifie « symbole » implique toujours le rassemblement de deux moitiés (Durand, 1963, p. 9n). Cette unification toujours scindée est produite par une rupture et est impossible sans elle : c'est parce qu'il y a eu coupure qu'il peut y avoir réunion des éléments divisés.

Quant à la place que détient le symbole dans la théorie linguistique, on considère, depuis Saussure, que si le signe se caractérise par l'arbitraire de la relation entre signifiant et signifié, établie, pour ainsi dire, par contrat, dans le cas du symbole, cette relation serait « nécessaire », « naturelle » ou, comme on lit le plus souvent, « motivée ». Ajoutons que cette distinction a été remise en cause ou raffinée par certains théoriciens modernes et reste loin d'être résolue.

Ainsi pour Benveniste (1966), le signe n'est pas arbitraire mais « nécessaire », puisque le signifiant et le signifié sont imprimés ensemble dans l'esprit et sont donc indissolubles. Ce qui est arbitraitre, dit-il, c'est que tel signe et non tel autre soit appliqué à tel élément de la réalité et non à tel autre. Pour le sujet parlant, il y a entre la langue et la réalité adéquation complète : le signe recouvre et commande la réalité ; mieux, il *est* cette réalité (pp. 51-2).

Au sens freudien du terme, le symbole exprime de façon indirecte, et plus ou moins difficile à déchiffrer, les désirs et les conflits inscrits dans l'inconscient. Le symbole est la relation qui unit le contenu manifeste d'un comportement, d'une pensée, d'une parole à leur sens latent. Toute entreprise psychanalytique, que ce soit l'interprétation des rêves, ou une lecture psychanalytique de l'œuvre littéraire, deviendra donc une problématique et une lecture du symbole.

Dans le cas de l'œuvre littéraire, qui nous intéresse dans ce travail, nous proposons d'assimiler la dimension manifeste du symbole à la *surface* du texte (ce qui est dit ou écrit), et le contenu latent à ce qu'on a appelé la *profondeur* du texte, non immédiatement accessible et nécessitant un certain travail de lecture ou d'interprétation. Nous avons vu que le sens, dans un texte axé vers l'extérieur, pouvait être perçu sans recours à sa profondeur, mais que dans un texte tourné vers lui-même, le lecteur devait d'une certaine façon être amené à rechercher le sens en-deçà de la surface textuelle.

C'est en considérant le langage *du point de vue de sa nature foncièrement symbolique* (le symbole, par définition, reliant un sens manifeste ou donné à un sens latent ou nécessitant une « lecture » dans le sens où la « vérité » sera toujours *ailleurs* par rapport à ce qui est dit), que le lecteur percevra la signification « profonde » de ce genre de texte. C'est donc grâce à la relation (non-disjonction) entre les deux niveaux (division) du symbole (manifeste et latent), que le lecteur pourra, dans le texte « illisible » ou scriptible, récupérer le sens qui semble être, au premier abord, insaisissable.

Ricœur (1965) écrit qu'il n'y a pas d'herméneutique générale, en effet, le champ herméneutique est lui-même brisé : il oppose une herméneutique « positive » de la récollection, la restauration du sens (en gros l'approche religieuse qui amplifie le symbole) à une herméneutique « négative » de démystification, de réduction d'illusions (qui réduit le symbole en dénonçant le masque) (pp. 35-6).

Dans cette première approche au symbole on peut situer Jung et Bachelard, et dans la deuxième, ceux qui font partie de ce que Ricœur appelle « l'école du soupçon » : Marx, Nietzsche et Freud. Au lieu de rejeter l'une ou l'autre, Ricœur légitime les deux herméneutiques, parce qu'au fond, dit-il, le symbole lui-même est par essence paradoxal : il a le pouvoir de cacher en même temps qu'il révèle : « le pouvoir révélant du symbole », écrit Ricœur (1965), « ...fait sa force en dépit de son opacité » (p. 39). Dans le texte, la surface cache la profondeur en même temps qu'elle est seule à pouvoir la révéler.

On parle souvent de la nature polysémique du texte moderne. Barthes (1966) accuse la critique traditionnelle d'«asymbolie», c'est-à-dire du refus d'accepter la coexistence de sens multiples (p. 40). Nous avons vu que son idée directrice dans *S/Z* était d'exposer une prolifération de sens, mais nous avons aussi remarqué que Barthes réduit son texte en fin de compte à un nœud organisateur ou à une dynamique latente.

Cette contradiction peut maintenant s'expliquer : l'apparente polysémie du symbole résulte, selon Ricœur (1965), de «la *disproportion* entre l'abondance des représentations et la monotonie des contenus» (p. 481), ou, selon Benveniste (1966), de «la richesse des signifiants et l'unicité du signifié, ceci tenant à ce que le contenu est refoulé et ne se délivre que sous le couvert des images» (p. 85). Freud a d'ailleurs établi qu'en règle générale, une seule pensée latente est représentée par plus d'un élément manifeste (Guy Rosolato, 1969, p. 112).

Si l'on s'en tient à la surface d'un texte scriptible, on a effectivement l'impression de se trouver dans un système hautement plurivoque. Car si l'on ne va pas vers l'élément latent, la surabondance d'éléments symboliques manifestes nous donne l'illusion d'un éclatement infini de sens, puisqu'un sens primordial semble (en surface) impossible à délimiter.

De notre point de vue, si la surface est prolifération et la profondeur est constituée par un nombre limité d'éléments, le lecteur devra nécessairement *réduire* le niveau manifeste (la surface) pour arriver au niveau latent, ou, à ce qu'on pourrait appeler la «structure profonde» du texte.

Cette notion chomskyenne s'avère très utile pour nos propos. Chomsky lui-même (1968) parle de la structure superficielle comme étant généralement peu informative quant au sens (p. 31), et dit que seule la structure profonde détermine la signification : "The surface structure of the sentence provides clues to its interpretation, the interpretation itself depends on a correct processing of these clues to reconstruct all the elements and relationships of the deep structure" (cité par Ronald Wardhaugh, 1969, p. 49).

La psychanalyse, elle aussi, «constitue toujours une *réduction* en ce qu'elle va toujours du plus 'élevé' au plus 'bas', du contenu manifeste au contenu latent, des élaborations secondaires aux pulsions primaires, du symbole à l'objet symbolisé et non l'inverse» (Chasseguet-Smirgel, 1971, p. 13).

Le mouvement de réduction d'une complexité d'éléments pour arriver à la structure sous-jacente motivante et organisatrice de cette complexité est donc une composante essentielle de la notion de structure au sens chomskyen et de la psychanalyse. De notre point de vue, ces éléments se rejoignent, car c'est grâce à certains concepts empruntés à la psychanalyse que nous réduirons le texte pour en trouver la « structure profonde », ou le lieu de motivation où pourra se faire la rencontre entre le texte et le lecteur.

Si l'on considère la question de structure et du structuralisme en général, on s'aperçoit que les deux opérations fondamentales qui le définissent, le découpage et l'agencement, correspondent au double mouvement de la division et de la non-disjonction qui « structure » notre démarche à tous les niveaux.

Le découpage consiste essentiellement en la recherche d'oppositions binaires, et l'agencement, dans la recherche de relations entre ces éléments ou d'une nouvelle structure susceptible de rendre plus intelligible l'élaboration première. De la même manière nous rechercherons les oppositions binaires auxquelles le texte se réduit, afin de pouvoir lui redonner un sens, ou une nouvelle structure, qui, au premier abord, semble être absente.

Ainsi, la notion de système ou de structure dans le texte « illisible » acquiert une importance particulière, car c'est seulement par la découverte d'une structure sous-jacente à l'œuvre que le lecteur pourra se forger une certaine compréhension de son fonctionnement. Dans le texte lisible, où la compréhension ne présente guère de difficultés, la prise de conscience du fonctionnement du texte diminue nettement en importance. Nous tenons à insister sur le fait que dans un texte où il y a subversion de « l'ordre » du langage, il y a exigence, de la part du lecteur, d'élaborer un ordre ou une structure nouvelle qui « organise » le texte « morcelé » en un « vouloir dire » reconnaissable par lui.

Quant au psychisme humain, il peut aussi être vu (d'après la conception freudienne) en termes structuraux, dans le sens où l'on peut réduire son fonctionnement à un dualisme fondamental : Eros/Thanatos. C'est le narcissisme qui, à proprement parler, assure la relation entre ces deux pôles, puisqu'il pousse l'homme à vivre tout en désirant sa propre mort. Si la division est un fait inéluctable de l'être du sujet, c'est la tension, la médiation entre les deux ou la non-disjonction qui le plonge véritablement dans la problématique humaine.

Le narcissisme « structure » donc le sujet en établissant une relation entre les éléments oppositionnels de base qui le déterminent. Ce « nœud » oppositionnel fondamental est comme la structure profonde du « texte » qu'est le sujet, en ce qu'il prédétermine et motive les manifestations psychiques subséquentes. Il nous restera précisément à clarifier le mécanisme et le lieu de rencontre entre la structure narcissique du texte (et) du sujet.

2. Le mythe et la reconnaissance

Si le champ symbolique est un champ oppositionnel, c'est le mythe, qui par son caractère linéaire, assurera la médiation entre les éléments oppositionnels symboliques. Pour Claude Lévi-Strauss (1958) «[l]a pensée mythique procède de la prise de conscience de certaines oppositions et tend à leur médiation progressive» (p. 248). Ce que nous avons appelé le «cycle narcissique» n'était effectivement autre qu'une médiation entre les deux pôles oppositionnels que sont pulsion de vie/pulsion de mort, le cycle étant foncièrement une lecture «profonde» du mythe de Narcisse.

Nous avons aussi dit que le lecteur s'inscrit dans le texte narcissique grâce au fait que le texte et le lecteur «partagent» cette même structure profonde : vie/mort ou le cycle (mythe) de Narcisse. Si, comme dit Lévi-Strauss (1964), «les mythes se pensent dans les hommes, et à leur insu» (p. 20), ou Georges Gusdorf (1959) : «La force persuasive n'est pas dans le mythe. Elle se trouve en nous et s'éveille sous l'allusion» (p. 259), nous voyons que cette «lecture» du mythe (de la structure profonde du texte narcissique) n'est autre qu'une *reconnaissance* de formes primordiales et universelles, préexistant dans le sujet.

Nous avons vu que pour Lacan (1966), si l'homme en vient à penser l'ordre symbolique, c'est qu'il y est d'abord pris dans son être» (p. 66). Dans les écrits de Lacan, on trouve des références à l'œuvre de Lévi-Strauss. Celui-ci, sur le plan collectif des structures sociales, part du même principe de base que Lacan : il montrera que l'homme est plus porté par l'ordre du signifiant qui s'inscrit dans les structures inconscientes, qu'il ne les a réellement créées.

Quant à Carl Jung (1953), il postule l'existence de certaines préconditions psychiques universellement présentes : "[E]very human child is possessed of a ready-made system of adapted psychic functioning prior to all consciousness" (p. 349). C'est d'ailleurs dans la même optique que s'inscrit la poétique de Valéry : «Je suis maître de former des images», écrit-il, «mais des images sont maîtres de moi» (*Cahiers*, XX, 356). Ou encore «Le plus grand poète possible — c'est le système nerveux. L'inventeur de tout — mais plutôt le seul poète» (*Œuvres*, I, 335).

C'est le poète, écrit Ricœur (1965), qui nous montre la naissance du verbe. Sa force est de montrer le symbole au moment où, comme dit Bachelard, «la poésie met le langage en état d'émergence» (p. 25). Valéry recherchait, peut-être plus que tout autre poète, à capter ce moment primordial, originaire, du langage et de la poésie : «Le poète qui multiplie les figures ne fait donc que retrouver en lui-même le langage *à l'état naissant*» (*Œuvres*, I, 1440). Ou encore : «L'esprit de l'auteur est chassé de position en position, de combinaison en combinaison..., jusqu'à ce qu'il reconnaisse ce qu'il attendait» (*Cahiers*, XI, 168).

Cette reconnaissance, ou sensation de retrouver les éléments primordiaux dans la psyché, vaut pour le lecteur aussi bien que pour le poète. Si la génération de l'œuvre est en quelque sorte prédéterminée par un nombre limité de structures universelles de la psyché, l'appréhension de son sens le sera de la même façon.

Jung (1928) écrit que « poetic art-works... may be submitted to an interpretation that is neither more nor less than a reduction to elementary conditions » (p. 227), et encore que « only through the conclusion derived *a posteriori* from the perfected work of art are we able to reconstruct the primitive foundation of the primordial image » (p. 246).

Cette position de réduction *a posteriori* est essentielle : si le texte est engendré du « bas » vers le « haut » ou de sa structure profonde vers la surface, il sera décodé en sens inverse : le lecteur percevra d'abord la surface avant de pouvoir accéder à la profondeur du texte.

On peut dire que si le texte tend à compliquer, le lecteur tend à simplifier — ceci simplement parce que si le texte est généré à partir d'une structure simple, c'est une structure complexe que le lecteur devra réduire pour retrouver cette structure de base.

Nous avons mentionné le fait que le lecteur qui tente d'appréhender le sens d'un texte reconnaît plus qu'il ne connaît — même s'il s'agit d'un texte renvoyant vers l'extérieur — et certainement s'il s'agit d'un texte renvoyant vers lui-même. Comme le dit André Green (1970) :

> L'œuvre appelle donc, avec sa découverte, une connaissance qui sera en fait reconnaissance, puisqu'elle visera à mettre au jour ce qui d'elle s'est déjà fait connaître par l'impact qu'elle a produit. A cet égard, les références extérieures à l'œuvre,... seront toujours secondes par rapport à son organisation propre et c'est vers elle qu'il faut aller en premier. C'est dans la mesure où l'œuvre nous donne l'occasion d'un repassage sur les traces qu'elle porte d'une intention qui en a guidé l'élaboration, dont nous ne possédons que le ressurgissement dans le produit fini, que nous pouvons tenter d'effectuer le déchiffrage de ce qu'elle cèle en le laissant deviner. (p. 30)

Retour sur soi et circularité : le lecteur investira de sens certaines structures essentielles et universelles du texte — mais qu'il n'a pu reconnaître que parce qu'elles préexistaient et « résonnaient » déjà en lui.

IV
LE LIEU DU SENS

1. L'espace de compréhension

Lors de nos propos sur le symbole, nous avons souligné le fait que l'une de ses propriétés essentielles est le lien qu'il assure entre la surface (manifeste) et la profondeur (latente), grâce à sa nature simultanément dissimulatrice et révélatrice. Si l'on considère le double niveau de signification du langage, on peut également se référer à la notion de connotation.

Todorov (1971) écrit : «[La littérature] se distingue des autres arts, elle se construit à l'aide d'une structure, à savoir la langue ; elle est donc un système significatif au second degré, autrement dit un système connotatif» (p. 12).

En effet, de par leur insertion dans cette structure seconde qu'est le langage poétique, les mots deviennent foncièrement doubles (une signification dénotée — dans la langue naturelle, et une ou plusieurs significations connotées — dans le langage poétique). Ce dédoublement nous renvoie au symbole que nous avons défini comme étant essentiellement une structure de double sens.

Dénotation/connotation n'est pas identique à manifeste/latent, mais les deux participent *grosso modo* du même processus : un sens donné et un (ou plusieurs) sens inféré(s). La différence principale est que «connotation» renvoie à une prolifération de sens, alors que «latent» renvoie fondamentalement à une réduction de sens.

En plus du sens usuel où chaque signe a son niveau dénotatif et connotatif, on dira ici que la structure profonde, niveau informationnel du texte, est le niveau de la dénotation, et la surface, dont le sens latent renvoie bien à la structure profonde, mais dont le sens manifeste revêt une pluralité de significations, est le niveau de la connotation.

Cela va à l'encontre de ce à quoi l'on s'attendrait : *i.e.* que la surface (manifeste) soit le sens premier, originel, ou le niveau de la dénotation, et que la profondeur soit seconde ou connotative. Mais logiquement, la profondeur, où se situe le lien de motivation du sens, est première ou originelle, même si elle n'est perçue que dans un deuxième temps (puisque dans la lecture, c'est la surface qui est immédiatement appréhensible). On l'a vu : le trajet de la lecture (structures complexes ⟶ structure simple) se fait en sens inverse du trajet de l'écriture (structure simple ⟶ structures complexes).

Dans *S/Z,* Barthes (1970a) écrit que « la dénotation n'est pas le premier des sens, mais elle feint de l'être ; sous cette illusion, elle n'est finalement que la *dernière* des connotations (celle qui semble à la fois fonder et clore la lecture), le mythe supérieur grâce auquel le texte feint de retourner à la nature du langage, au langage comme nature : une phrase, quelque sens qu'elle libère, postérieurement, semble-t-il, à son énoncé, n'a-t-elle pas l'air de nous dire quelque chose de simple, de littéral, de primitif : de *vrai,* par rapport à quoi tout le reste (qui vient *après, au-dessus*) est littérature » (p. 16)?

C'est précisément ainsi qu'on envisagera le texte de Valéry : la dénotation sous-tend tout l'édifice des connotations, elle est ainsi première ou dernière, en ce sens que la structure profonde motive l'écriture et est le point d'aboutissement de la lecture, puisque c'est finalement à cette première ou dernière connotation que le lecteur réduira le texte.

Ce que nous avons appelé la structure profonde du texte narcissique est, rappelons-le, le cycle narcissique, né de la tension pulsion de vie/pulsion de mort. C'est donc dans le lieu d'intégration et d'explication de ces deux forces oppositionnelles que le lecteur se forgera un espace de compréhension du texte.

Notons que le sens est, peut-on dire, toujours *ailleurs* : « en-dessous » des mots (profondeur du texte) ou « entre » les deux axes vie/mort qui sous-tendent le texte, mais pas à proprement parler dans le langage du texte, qui ne peut jamais que laisser déchiffrer l'expression de sa qualité insaisissable.

2. La lecture du cycle narcissique

Si le texte narcissique a comme structure profonde la tension vie/mort (le cycle narcissique), la surface peut être considérée comme masquant cette structure première. Elle devra donc être réduite afin de retracer et d'isoler les instances de cette tension oppositionnelle qui est générée par le cycle.

Ce qu'il faut surtout reconnaître, c'est que l'opposition vie/mort comme structure primaire de la psyché n'est pas une formation inerte, mais est plutôt répercutée indéfiniment dans toutes les opérations mentales qu'elle suscite. Nous citerons ici Lévi-Strauss (1971) à la fin de *L'Homme nu* :

> L'opposition fondamentale, génératrice de toutes les autres qui foisonnent dans les mythes... est celle même qu'énonce Hamlet sous la forme d'une encore trop crédule alternative. Car entre l'être et le non-être, il n'appartient pas à l'homme de choisir. Un effort mental consubstantiel à son histoire, et qui ne cessera qu'avec son effacement de la scène de l'univers, lui impose d'assumer les deux évidences contradictoires dont le heurt met sa pensée en branle et, pour neutraliser leur opposition, engendre une série illimitée d'autres distinctions binaires qui, sans jamais résoudre cette antinomie première, ne font, à des échelles de plus en plus réduites, que la reproduire et la perpétuer. (p. 621.)

On peut donc dire que pulsion de vie/pulsion de mort donne naissance à un foisonnement d'oppositions qui, si on les examine de plus près, reviennent immanquablement à cette structure première. Nous essaierons dès lors autant que possible, de ramener les tensions oppositionnelles qui transparaissent à la surface, à cette problématique à la fois plus large (universelle) mais plus restreinte (réductrice) du cycle narcissique. D'après la nature particulière des oppositions déchiffrables, on pourra déterminer l'instance de la problématique du cycle à laquelle elles se rattachent, ou quel est, pourrait-on dire, leur point d'entrée dans le cycle. (Il est entendu que tout point du cycle implique automatiquement tous ceux qui le précèdent et tous ceux qui le suivent.)

La profondeur n'est pas, soulignons-le, « coupée » de la surface. Elle y est, au contraire, liée dans un rapport non-disjonctif, car, nous l'avons vu, il n'y a que la surface qui puisse offrir les « clés » pour accéder à la profondeur, et, inversément, c'est grâce à l'accès à la profondeur qu'on peut en fin de compte « récupérer » la surface. Dans notre lecture de la profondeur, il y aura donc une présence constante de la surface, dont les termes seront repris dans notre texte.

Le trajet de la surface à la profondeur est, dans son sens fondamental, une tra-duction, une conduite du sens à travers l'épaisseur textuelle. On peut considérer les deux niveaux de lecture (le point de départ et le point d'aboutissement) comme deux « langages », divisés mais inextricablement liés : l'un explicite mais illisible, l'autre implicite mais scriptible, ou, pour revenir à une autre terminologie, l'un connoté ou pluriel, l'autre dénoté ou unique.

On peut également dire que dans un texte dont la surface présente un certain degré d'illisibilité, il faudra en quelque sorte déconstruire la surface afin de reconstruire un sens au niveau de la profondeur du texte. Autrement dit, la lecture de la chaîne syntagmatique ne permet pas de rejoindre le cycle. Ce sont des séries paradigmatiques établies en relation avec les tensions oppositionnelles engendrées par le cycle qui permettent de « percer » la surface et de retrouver, dans un deuxième temps, un nouvel axe syntagmatique ou logico-linéaire de la lecture, en l'occurrence, la lecture du cycle narcissique.

Nous pouvons à présent établir une lecture en deux mouvements essentiels :

A)   Réduction de la surface textuelle à des séries paradigmatiques oppositionnelles en relation avec les tensions engendrées par le cycle. L'axe syntagmatique sera divisé en « fragments » de texte qui, selon leur sens, peuvent se ranger dans une de ces séries. Ces fragments de texte (un mot, un syntagme, un vers), seront des « symptômes » qui articulent de façon nécessaire et suffisante pour être perçues, la tension qui leur a donné naissance.

Ce premier mouvement s'assimile à la fois à l'herméneutique négative de Ricœur : le démasquage de sens, et au premier mouvement de l'opération structurale : la division en séries oppositionnelles.

B)   Amplification ou reprise du sens par l'intégration des oppositions dans le cycle narcissique. Les oppositions sont ainsi « résolues » non parce qu'elles disparaissent, mais parce qu'elles sont récupérées dans un système logique et cohérent qui les explique (dans le même sens où le mythe rend compte des deux pôles d'une opposition — le cycle narcissique n'étant d'ailleurs qu'une lecture « profonde » du mythe de Narcisse).

C'est grâce au lien vertical de l'axe paradigmatique permis par le rapport de rupture et paradoxalement de connexion entre manifeste/latent ou connotation/dénotation, que le lecteur pourra traduire la surface dans le langage horizontal ou linéaire du nouvel axe syntagmatique qu'est la profondeur du texte.

Ce deuxième mouvement s'assimile à la fois à l'herméneutique positive de Ricœur : la récollection du sens, et au deuxième mouvement de l'opération structurale : l'intégration des éléments oppositionnels ou la non-disjonction.

Notre lecture est donc formelle et « objective » dans la mesure où la structure narcissique reste le paramètre de notre appréhension du texte. Mais la recherche de cette structure est basée uniquement sur le niveau du sens : nous structurons en quelque sorte le contenu pour y retrouver un certain sens.

Il faut voir que la lecture verticale (paradigmatique), la première lecture ou la « mise à nu » du squelette oppositionnel du texte est déjà, bien que « négative », une première herméneutique. Nous tenons à insister sur le fait que ce premier niveau d'interprétation est, comme toute interprétation, foncièrement subjectif, et qu'à l'intérieur d'une lecture narcissique, ni notre perception des oppositions, ni celle d'un autre lecteur ne pourrait être absolue : il serait certainement possible de découper et de redécouper le texte selon de nouvelles ou différentes oppositions.

Il est également évident que nous postulons un apriorisme, c'est-à-dire qu'une certaine perspective sur le sens détermine notre lecture : nous recherchons « du Narcisse » dans le texte. Cet apriorisme n'est cependant pas dénué de fondement ; dès la lecture du titre, notre lecture est déjà « guidée » : nous savons qu'il y sera question de Narcisse et que nous aurons donc, ou aurons au moins la justification de lire le texte selon un certain « code-Narcisse ».

L'indication dans le titre du terme « fragments » implique immédiatement une non-continuité, une non-linéarité, qui va de pair avec une certaine illisibilité (d'ailleurs confirmée dès le premier vers du texte). A la surface, nous avons donc « du Narcisse », mais dont le caractère illisible du texte bloque une lecture logico-linéaire et nous force soit à abandonner notre lecture, soit à procéder vers la profondeur du texte afin d'en trouver un sens reconnaissable et cohérent.

Nous avons postulé que le caractère propre du texte narcissique est d'être pris dans un système oppositionnel qui trouve son sens par rapport au cycle, et que les éléments de la surface seront donc continuellement repris et explicables en fonction de ce cycle. La qualité circulaire et répétitive de la lecture ne sera que la preuve de notre théorie : il sera justement frappant de voir à quel point le texte « tourne en rond » et redit toujours la même chose.

Revenons à présent à la nature de la profondeur du texte narcissique avant d'entreprendre la lecture. Dans ce genre de texte, la profondeur a un caractère « double », puisqu'il est foncièrement une aventure où Narcisse-sujet (N.S.) et Narcisse-écrivain (N.E.) sont liés l'un à l'autre dans une recherche de soi.

N.S. (dont la problématique est instituée par le stade du miroir) est un premier niveau de lecture profonde ; N.E. (dont l'accès au symbolique consomme l'aliénation de façon décisive) « double » ce premier niveau dans une production symbolique où la conscience de soi devient conscience d'être langage.

En procédant de (1) Narcisse-surface à (2) N.S.-profondeur à (3) N.E.-profondeur, on pénètre de plus en plus profondément dans l'être même du corps scriptural du texte. Le niveau d'interprétation N.E. est donc le niveau le plus « profond », mais aussi, dans un surprenant jeu de miroirs, le niveau le plus « surface ». Nous verrons que les références à l'acte d'écrire n'apparaissent que rarement à la surface, et ne sont lisibles que métaphoriquement (en tant que sens double ou déplacement par rapport au contexte). Ce qui est « littéral » (*i.e.*, qui parle de la lettre, du langage) est donc figuré ; on n'arrive à parler du langage que métaphoriquement : la lettre est en elle-même métaphore.

Le niveau N.E. sera donc un niveau d'interprétation double ou implicite (métaphorique) par rapport au niveau N.S. ; il sera également une méta-interprétation du texte, car il parle du statut du texte, étant foncièrement un commentaire sur le langage qui se cherche. N.E. s'éloigne donc le plus de la surface, étant soit le niveau le plus profond, soit le plus « abstrait », mais reste en même temps le niveau premier, puisqu'il est le niveau écriture, qui, après que tout a été dit, reste le seul niveau matériellement ou manifestement présent du texte.

Le schéma de notre lecture pourrait se représenter de la façon suivante :

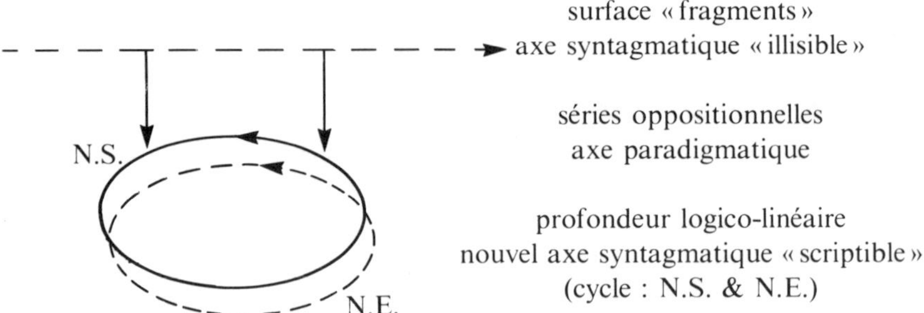

Quant aux unités de lecture que nous allons adopter, nous nous proposons la démarche suivante : nous découperons notre lecture selon la division en paragraphes, les espaces blancs signalant d'eux-mêmes des silences, des pauses, des moments de réflexion.

C'est dans ces espaces de texte que nous retrouverons les filières d'oppositions (axe vertical) qui se dessinent à la surface et que nous tenterons de retracer ou de réécrire des filières de récit (axe horizontal) qui se construisent dans la profondeur du texte. Il ne faut pas oublier que nous voulons toujours montrer les *liens* entre ces deux niveaux de texte, et que dans notre réécriture, il y aura de constants rappels à la surface qui est effectivement « reprise » dans notre lecture.

Disons encore pour terminer, qu'il est certain que l'on peut, et que l'on a pu, lire ce genre de texte d'une infinité de façons différentes. Nous postulons cependant que seule la lecture du cycle narcissique est une lecture totalisante *et* du lecteur *et* du texte. Ainsi, elle assure une résonance ou reconnaissance, et donc une « vraie » connaissance, dans le sens où connaissance est essentiellement reconnaissance, et finalement une « vraie » lecture, dans le sens où lecture est essentiellement lecture de soi.

V
LA LECTURE DU TEXTE

1. Fragment I

Le texte commence par l'épigraphe : *Cur aliquid vidi?* : Le sujet *(je) voit* un objet *(quelque chose)*. « Voir », écrit Starobinski (1961), « est un acte dangereux…à force de vouloir étendre la portée de son regard, l'âme se voue à l'aveuglement et à la nuit », car le « regard qui assure à notre conscience une issue hors du lieu qu'occupe notre corps, constitue, au sens le plus rigoureux, un excès » (p. 14).

Cette simple épigraphe pose déjà en elle-même tout le dilemme narcissique et son « danger de mort » : la prise de conscience (assurée par la vue — cf. stade du miroir), instaure la dialectique sujet/objet et par là la mise en question *(Cur)* du sujet par rapport à lui-même vu comme objet. L'aliénation résultant de cette prise de conscience et de cette dialectique fonde véritablement la vie du sujet (narcissisme), tout en lui faisant désirer sa propre mort (où il n'y a plus de conscience, plus d'objet, et plus de questions possibles).

1. *Que tu brilles enfin, terme pur de ma course !*

brilles	*terme*
pur	*enfin*
/absolu/	/finalité-mort/
course	*terme*
/vie/	/mort/
tu	*ma*
/objet/	/sujet/

Narcisse-sujet (N.S.) : La valorisation de *terme* : *brilles* et *pur* n'est explicable que dans le système narcissique de la profondeur du texte : N.S. voit comme idéale la fin *(terme)* de la *course* que représente la vie. Rappelons la proposition de Freud : « The aim of all life is death » : l'émergence de la vie (de la tension), déclenche essentiellement la recherche d'une résolution de la tension dans la mort ou le retour dans l'indifférencié.

L'opposition *tu/ma* met immédiatement en place non seulement la dialectique je/tu ou sujet/objet, mais aussi l'attraction que *tu (brilles)* représente pour *ma (course)* : *ma course* vers toi *(tu)* ou, comme le disait Foucault, le désir de l'Autre du sujet pour le Même que lui (cf. *supra*, p. 1). La question des pronoms personnels de la première et deuxième personne est continuellement posée dans ces mêmes termes dans le texte ; nous estimons qu'il est inutile d'y insister à chaque occurrence.

Narcisse-écrivain (N.E.) : Notons la présence, dans ce premier vers, du mot *terme* dont l'une des connotations possibles (relativement peu lisible dans le contexte de la surface), renvoie spécifiquement à l'acte d'écrire.

Dans le système valérien, *terme pur* acquiert le sens de « poésie pure », un état absolu de langage, une « symbiose du son et du sens » N.E. verrait l'idéal de la poésie *(terme pur)* comme le but ultime de son activité, c'est-à-dire de son écriture.

Mais l'aboutissement à cet état absolu de langage présupposerait l'abolition de la tension créée par le langage, et donc du langage lui-même, tout comme la résolution de la tension de N.S. ne peut s'accomplir que dans la mort de l'image ou de l'objet, c'est-à-dire sa propre mort.

2. *Ce soir, comme d'un cerf, la fuite vers la source*
3. *Ne cesse qu'il ne tombe au milieu des roseaux,*
4. *Ma soif me vient abattre au bord même des eaux.*
5. *Mais, pour désaltérer cette amour curieuse,*
6. *Je ne troublerai pas cette onde mystérieuse.*
7. *Nymphes! si vous m'aimez, il faut toujours dormir!*
8. *La moindre âme dans l'air vous fait toutes frémir ;*
9. *Même, dans sa faiblesse, aux ombres échappée,*
10. *Si la feuille éperdue effleure la napée,*
11. *Elle suffit à rompre un univers dormant...*
12. *Votre sommeil importe à mon enchantement,*
13. *Il craint jusqu'au frisson d'une plume qui plonge!*
14. *Gardez-moi longuement ce visage pour songe*
15. *Qu'une absence divine est seule à concevoir!*
16. *Sommeil des nymphes, ciel, ne cessez de me voir!*

cerf	*source*
fuite	*au milieu des roseaux*
ne cesse	
ne tombe	
/mouvement-vie/	/eau-nature/
Ma soif	*au bord même des eaux*
amour curieuse	*désaltérer*
Je ne troublerai pas	*onde mystérieuse*
/désir/	/eau-miroir/
si vous m'aimez	*il faut toujours dormir*
/Eros/	/Thanatos/
moindre âme	*univers dormant*
frémir	
effleure	
rompre	
frisson	
plume qui plonge	
/eau-mouvement-vie/	/eau-miroir-mort/
enchantement	*sommeil*
visage	*Gardez-moi longuement*
songe	*Sommeil des nymphes*
me voir	*ne cessez*
/désir-image/	/eau-miroir-mort/
concevoir	*absence divine*
/conscience/	/absolu/

N.S. : Si le premier vers traite de la problématique vie/mort de façon très « large », les vers 2 à 16 traitent plus spécifiquement des rapports qui s'établissent entre N.S. et l'eau (son miroir ou la nature). (La prise de conscience de soi dans le miroir est effectivement le premier mouvement dans le cycle.)

A partir du schéma oppositionnel qui se dessine à la surface, on peut voir que cette tension prédominante se joue en plusieurs temps. Dans les vers 2 et 3, N.S. court vers l'eau : ces vers sont essentiellement une reprise du vers 1 avec le remplacement de *terme pur* par une qualification plus précise : *source* et *au milieu des roseaux*. Il s'établit ainsi un rapport entre le but de la course (la mort) et l'eau.

Dans le système narcissique, en courant vers l'eau, N.S. court vers sa mort, car l'eau (le miroir) qui lui renverra son image, le plongera dans la tension narcissique dont il ne pourra se libérer qu'en s'y précipitant (l'eau devenant cette fois l'ordre de l'indifférencié de la nature).

Aussi pourrait-on dire que N.S. fuit vers l'unité primordiale, l'origine, le principe (autre connotation possible de *source*) pour retrouver une sorte de naissance, de retour à soi, dans l'unité originaire. *Terme* peut donc être l'équivalent de *source* (eau) mais aussi s'opposer à *source* (finalité/origine) dans le sens où l'immersion dans l'indifférencié est soit pré-sujet soit post-sujet (le premier provoquant le désir du deuxième), les deux se rejoignant dans l'état absolu d'absence du sujet (cf. le mouvement circulaire du cycle).

Les vers 4 à 7 traitent de la confrontation du désir de N.S. avec l'eau : le mouvement de N.S. s'arrête *au bord* de l'eau, en cette position vacillante entre vie et mort. L'eau a deux propriétés : elle permet (par la réflexion : miroir) de renforcer le désir par la vision de l'image dans l'eau, et (par l'immersion : nature) d'éliminer le désir par le retour dans l'indifférencié.

Au bord des eaux s'oppose ainsi à *au milieu des roseaux : au bord* représente la tension (pulsion de vie/pulsion de mort), alors qu'*au milieu* représente la plongée dans l'eau ou la victoire finale de la pulsion de mort.

C'est la vision de lui-même dans la surface réfléchissante qui offre à N.S. une connaissance de son désir ; ainsi, son désir dépend-il du calme de l'eau. Le paradoxe du narcissisme consiste précisément en ce leurre : N.S. croit qu'il pourra satisfaire *(désaltérer)* son désir *(ma soif)* à partir de cette prise de conscience, alors que le contraire est vrai : la prise de conscience du désir n'est que le premier pas vers « l'ophélisation ». Quant à *cette amour curieuse*, elle l'est doublement : curieuse d'elle-même, et également considérée, dans la croyance populaire, comme une perversion.

Notons également que dans le mythe, Narcisse est aimé des nymphes qu'il dédaigne. L'amour narcissique est non seulement une dénégation de la barre séparatrice entre soi et l'image de soi, mais entre le masculin et le féminin, et, plus radicalement, entre le mort et le vivant. N.S. cherche à atteindre l'état idéal de l'être androgyne qui transcende toute opposition ou finitude et se suffit à lui-même. L'amour de N.S. dépend donc du calme absolu de l'eau et donc en quelque sorte de la mort de l'autre sexe *(Nymphes! si vous m'aimez, il faut toujours dormir!)*, afin de pouvoir reporter son désir sur lui-même.

Dans les vers 8, 9, 10, 11 et 13, il y a une exploitation de la tension entre le calme de l'eau (la prise de conscience du désir) et le mouvement de l'eau (la crainte de la disparition de l'image), le paradoxe étant toujours que la vision de l'image ne pourra provoquer que l'impossibilité de la satisfaction du désir.

Les vers 13, 14, et 16 rendent explicite la présence de l'image dans l'eau : en « dormant », les eaux voient *(me voir)* ou « rêvent » *(songe)* son *visage*, et permettent à N.S. de se voir. N.S. désire une éternisation de cette condition *(Gardez-moi longuement, ne cessez)* qui lui permet d'être hypnotisé *(enchantement)*, et donc, croit-il, de saisir l'objet de son désir. Le vers 15 explique le statut ambigu de l'image : elle « est de » N.S. mais « appartient » à l'eau ; elle est donc une sorte de lien entre la réalité et l'idéal, et *seul* un être idéal et donc nécessairement inexistant *(absence divine)* pourrait-il « penser » *(concevoir)* cette représentation de l'absolu.

N.E. : Ces divers mouvements de la problématique N.S. peuvent être « traduits » métaphoriquement dans les termes de N.E. : remonter à la *source* (texte original), indiquerait le désir de capter, comme le disait Bachelard, « l'essence du langage au moment de son émergence ». C'est ce désir qui instaure la tension entre le désir de se dire et le désir de se taire, désir qui ne peut s'éteindre que dans le silence, ou dans l'abdication de N.E. à chasser le langage. *Source* peut (comme pour N.S.) représenter soit un état de pré-langage soit un renoncement, mais toujours un état absolu de langage, où la division son/sens ou signifiant/signifié n'est pas opératoire.

Pour N.E., saisir le langage reviendrait à trouver un langage « mort » qui ne « signifie » pas (la signification présuppose toujours un déplacement, c'est-à-dire « autre chose »), dont le signifié ne pourrait s'échapper du signifiant, car il n'aurait d'autre existence que sa propre matérialité. Même la *plume qui plonge* (dans l'encrier ? sur la feuille ?) suffit à mettre en branle le processus du langage, et donc à *rompre* (diviser) le signifiant de son signifié.

Aussi l'eau calme représente-t-elle la perfection de la page blanche : N.E. veut s'y imprimer sans en « troubler » la perfection. Mais tout « mouvement » de l'écriture ne peut que l'éloigner de cet idéal qu'il recherche, et donc constamment affirmer la vanité de sa démarche tout en la faisant se perpétuer.

Ainsi, seul un être divin pourrait-il « penser » cet état absolu de langage, puisque l'humain est, par définition, inséré dans l'ordre du symbolique, et est irrémédiablement « pris » dans la division et le manque.

17.   *Rêvez, rêvez de moi!... Sans vous, belles fontaines,*
18.   *Ma beauté, ma douleur, me seraient incertaines.*
19.   *Je chercherais en vain ce que j'ai de plus cher,*
20.   *Sa tendresse confuse étonnerait ma chair,*
21.   *Et mes tristes regards, ignorants de mes charmes,*
22.   *A d'autres que moi-même adresseraient leurs larmes...*

de moi	*Rêvez, rêvez*
ma beauté	*belles fontaines*
ma douleur	
/désir N.S./	/eau-miroir/
beauté	*douleur*
/Eros/	/Thanatos/
Je chercherais	*Sans vous*
ce que j'ai de plus cher	*incertaines*
tendresse	*en vain*
ma chair	*confuse*
mes...regards	*étonnerait*
mes charmes	*tristes*
moi-même	*ignorants*
	autres
	larmes
/amour narcissique/	/amour d'objet/

N.S. : Les vers 17 et 18 sont une reprise des vers 14 à 16 : la nécessité du calme (sommeil ou mort) de l'eau pour que N.S. puisse s'y voir. Sans la vision de l'image dans l'eau, N.S. ne tomberait ni amoureux de lui-même *(beauté)* ni dans l'impossibilité de se rejoindre *(douleur)*, qui entraîne la pulsion de mort (Eros/Thanatos). Le narcissisme représente effectivement la jonction entre ces deux mouvements oppositionnels.

Si N.S. ne se voit pas *(sans vous)*, ne se désire pas, il reportera son désir (et sa douleur) sur d'autres. Par rapport au système narcissique, l'amour d'objet est « en dehors » du système, littéralement étranger à soi, et c'est lui qui est cette fois vu comme une sorte d'aberration. Selon Freud, si l'amour narcissique constitue la base de toute forme d'amour subséquente, c'est l'amour d'objet qui est effectivement le déplacement, la « distorsion ». Ainsi, vu de la perspective de

N.S., l'amour d'objet ne peut être valorisé que négativement, et est perçu comme étant une quête *triste, confuse* et vaine *(je chercherais en vain)*.

Le paradoxe du narcissisme est de nouveau évident : N.S. croit pouvoir satisfaire son désir d'absolu en reportant son désir sur lui-même, mais il n'arrive, ce faisant, qu'à s'en éloigner davantage. (Nous aurons l'occasion de revenir à cette question en détail dans la lecture du deuxième fragment.)

N.E. : Nous avons établi un parallélisme entre l'amour d'objet et l'écriture dite référentielle (cf. cycle). N.E., conscient de vouloir saisir l'être même du langage, ne peut plus voir que la futilité de l'écriture non tournée vers elle-même, mais cherchant vaguement à représenter le monde.

Aussi, si l'accès à l'ordre du langage présuppose le stade du miroir (la prise de conscience narcissique), toute entreprise langagière aura ce mouvement narcissique comme origine, et donc toute tentative de « dépasser » ce mouvement originaire, deviendra une sorte de « divagation » ou d'écart. Mais de nouveau, même paradoxe : ce sera en s'acharnant à chasser le langage que N.E. le perdra toujours davantage.

La question qu'on peut poser est celle-ci : si l'être du langage est essentiellement narcissique, mais reste, de ce fait, toujours insaisissable, arrive-t-on mieux à capter ce langage en s'en détournant? La réponse est sans doute négative, mais sans conscience du désir, il n'y a pas conscience du manque, et donc dans un certain sens, ce manque disparaît. La même chose pourrait se dire de l'amour d'objet : le manque se dissipe dans le leurre de l'appréhension de l'objet. (De nouveau, nous verrons cette question plus profondément dans le deuxième fragment.)

23.   *Vous attendiez, peut-être, un visage sans pleurs,*
24.   *Vous calmes, vous toujours de feuilles et de fleurs,*
25.   *Et de l'incorruptible altitude hantées,*
26.   *O Nymphes!... Mais docile aux pentes enchantées*
27.   *Qui me firent vers vous d'invincibles chemins,*
28.   *Souffrez ce beau reflet des désordres humains!*

visage	*sans pleurs*
	Vous calmes
	vous toujours
	de feuilles et de fleurs
	de l'incorruptible altitude
	hantées
/N.S./	/eau-nature-perfection/

<table>
<tr><td>docile</td><td>pentes enchantées</td></tr>
<tr><td>me firent</td><td>invincibles chemins</td></tr>
<tr><td>vers vous</td><td></td></tr>
</table>

/N.S./		/nature-force/

désordres humains	*beau reflet*

/N.S.-imperfection/	/image-perfection/

N.S. : N.S. est confronté à l'absolu de la nature (dans la terminologie de Valéry, l'Unique est confronté à l'Universel). Le *visage* de N.S. ne peut être *sans pleurs*, la condition de mortel signifiant *a priori* qu'il est pris dans la douleur de vivre la séparation d'avec lui-même. N.S. voit le calme et l'harmonie de la nature comme un cadre de perfection : l'eau *(Nymphes)* et le ciel *(incorruptible altitude)*, à laquelle fait contraste son imperfection humaine.

N.S. est sans pouvoir contre les forces de la nature ; il sera irrémédiablement attiré vers l'eau où il trouvera sa propre mort (cf. la « pulsion » au sens propre de [la] mort) (vers 26-27).

L'image de N.S. est comme la forme insubstantielle et parfaite *(beau reflet)* de l'impureté *(désordre)* humaine. Elle « fait partie » de l'absolu, mais est néanmoins « de » N.S. ; elle sera donc toujours une « intrusion » dans l'ordre parfait de la nature (vers 28).

N.E. : De la même façon, N.E. est soumis à l'attraction, la « pulsion », de (vers) l'absolu : la page blanche ou le silence *(vous calmes)*, à laquelle fait contraste le « bruit » (et la fureur) de son acharnement à s'y imprimer. L'écriture, forme en soi, n'est-elle pas également un *reflet* (de la pensée), et le drame *(désordre)* ne vient-il pas de la tentative de rejoindre cette forme *(reflet)* à la pensée qui l'a fait naître ?

29.   *Heureux vos corps fondus, Eaux planes et profondes !*
30.   *Je suis seul !... Si les Dieux les échos et les ondes*
31.   *Et si tant de soupirs permettent qu'on le soit !*
32.   *Seul !... mais encor celui qui s'approche de soi*
33.   *Quand il s'approche aux bords que bénit ce feuillage...*
34.   *Des cimes, l'air déjà cesse le pur pillage ;*
35.   *La voix des sources change, et me parle du soir ;*
36.   *Un grand calme m'écoute, où j'écoute l'espoir.*
37.   *J'entends l'herbe des nuits croître dans l'ombre sainte,*
38.   *Et la lune perfide élève son miroir*

39. *Jusque dans les secrets de la fontaine éteinte...*
40. *Jusque dans les secrets que je crains de savoir,*
41. *Jusque dans le repli de l'amour de soi-même,*
42. *Rien ne peut échapper au silence du soir...*
43. *La nuit vient sur ma chair lui souffler que je l'aime.*
44. *Sa voix fraîche à mes vœux tremble de consentir ;*
45. *A peine, dans la brise, elle semble mentir,*
46. *Tant le frémissement de son temple tacite*
47. *Conspire au spacieux silence d'un tel site.*

seul	*Heureux*
	corps fondus
	Eaux planes et profondes
/N.S.-séparation/	/eau-nature-unité/
Seul	*les Dieux les échos et les ondes*
	tant de soupirs
	celui qui s'approche de soi
/N.S.-séparation/	/N.S./image-double/
me	*voix des sources*
j'écoute	*parle du soir*
m'	*écoute*
espoir	*herbe des nuits*
J'entends	*ombre sainte*
/N.S.-désir/	/nature-nuit-mort/
je crains de savoir	*lune perfide*
repli de l'amour	*miroir*
de soi-même	*secrets*
	fontaine éteinte
/amour narcissique/	/nature-miroir/
ma chair	*silence du soir*
je l'aime	*La nuit*
/amour narcissique/	/nature-silence-nuit-mort/

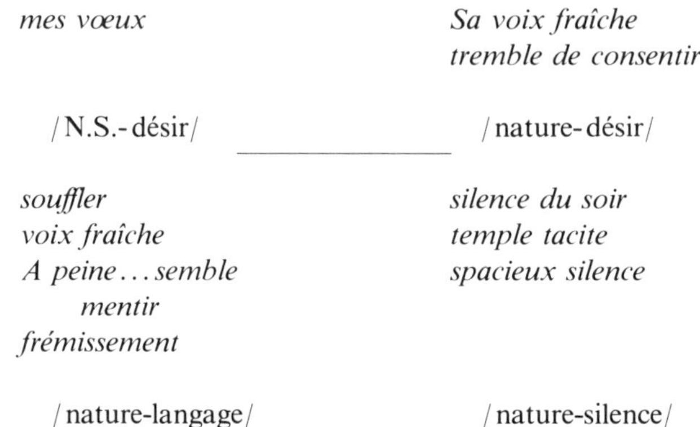

N.S. : Dans la nature, la fusion idéale des « *corps* » existe : l'eau a cette qualité d'être unie à elle-même. Les deux « êtres » de l'eau, sa surface réfléchissante *(Eaux planes)* et sa profondeur engloutissante *(profondes)* forment un tout unifié.

N.S. en contraste, est *seul* dans le sens où il est séparé de la nature et de lui-même. Son désir d'absolu *(les Dieux)*, la présence de l'eau qui a fait naître ce désir *(les ondes)*, et la manifestation de sa douleur *(tant de soupirs)*, le rendent constamment conscient de son double et donc de son manque (vers 29-30).

Notons que dans le mythe ovidien, la nymphe Echo se lamentera d'avoir été dédaignée : Narcisse ne pourra plus aimer que lui-même et mourra d'un amour impossible. Fondamentalement, elle ne lui permettra pas d'être seul, car rejeter l'autre sexe afin de se suffire à soi-même ne fait que renforcer l'aliénation *(Je suis seul!)*, puisque la séparation de soi avec soi est une séparation plus radicale (intrinsèque) que celle qui sépare les sexes. Puisqu'il ne peut échapper à sa dualité, N.S. se leurre de pouvoir se rejoindre avec lui-même en confrontant son image (vers 32-33).

Après le désespoir de l'aliénation, il passe à l'espoir d'une unification : avec l'approche de la nuit (où la pulsion de mort l'emporte sur la pulsion de vie), la division tend à s'estomper, et il vient à exister comme une trans-conscience entre N.S. et la nature. Elle est consciente de son existence et de ses désirs (vers 36-37) et N.S. vit le paradoxe de la conscience de l'absolu : il *entend*, dans un monde qui tend vers la mort, la vie de la nature et du silence *(l'herbe des nuits croître dans l'ombre sainte)*.

La *lune* constitue une autre antithèse : la lumière dans l'obscurité, et remplace l'eau (représentée par l'antithèse *fontaine éteinte* [miroir/noir]) comme surface réfléchissante. Elle transgresse la loi *(perfide)* du noir de la nuit et offre à voir (conscience) les *secrets* de la nature (vers 38-39).

Dans cet état de conscience/inconscience, N.S. vient à participer à l'auto-réflexion de la nature (la lune dans l'eau) et arrivera ainsi à entrevoir la réflexion de soi-même en soi-même qu'est l'amour narcissique (vers 41). Cette connaissance (et même le désir de cette connaissance) est dangereuse *(je crains de savoir)* : elle lui coûtera sa vie.

L'emprise croissante de la nuit (vers 42) conspire au sentiment de l'accomplissement du mouvement narcissique : s'il vient à exister un lien entre N.S. et la nature, il en découle la probabilité d'un lien entre N.S. et lui-même.

La nature à son tour s'inquiète *(tremble de consentir)* de ce rapport avec le désir *(mes vœux)* de N.S. Mais la nature est absolue : si le langage renforce, chez l'homme, son aliénation d'avec lui-même, il ne peut créer aucune division dans la nature, qui reste éternellement unité et silence (vers 46-47).

N.E. : Si les « voix » de la nature n'en perturbent pas l'unité, c'est par opposition à la voix humaine qui n'est qu'affirmation constante de l'aliénation qui la fonde. En s'inscrivant sur la page blanche, N.E. s'y « associe », mais la trace de son écriture sera toujours l'indice d'une séparation plutôt que d'une unification.

Exprimer la conscience d'un absolu (inexprimable) est un paradoxe qui ne peut exister que dans les mots : cette disparité entre le texte qui énonce la prise de conscience de la nuit ou de la mort, et l'impossibilité fondamentale de cet acte, ne fait qu'énoncer de façon d'autant plus saisissante, le schisme qui existe entre les mots et la réalité qu'ils sont censés représenter.

48.   *O douceur de survivre à la force du jour,*
49.   *Quand elle se retire enfin rose d'amour,*
50.   *Encore un peu brûlante, et lasse, mais comblée,*
51.   *Et de tant de trésors tendrement accablée*
52.   *Par de tels souvenirs qu'ils empourprent sa mort,*
53.   *Et qu'ils la font heureuse agenouiller dans l'or,*
54.   *Puis s'étendre, se fondre, et perdre sa vendange,*
55.   *Et s'éteindre en un songe en qui le soir se change.*
56.   *Quelle perte en soi-même offre un si calme lieu!*
57.   *L'âme, jusqu'à périr, s'y penche pour un Dieu*
58.   *Qu'elle demande à l'onde, onde déserte, et digne*
59.   *Sur son lustre, du lisse effacement d'un cygne...*
60.   *A cette onde jamais ne burent les troupeaux!*
61.   *D'autres, ici perdus, trouveraient le repos,*
62.   *Et dans la sombre terre, un clair tombeau qui s'ouvre...*
63.   *Mais ce n'est pas le calme, hélas! que j'y découvre!*
64.   *Quand l'opaque délice où dort cette clarté,*

65.   *Cède à mon corps l'horreur du feuillage écarté,*
66.   *Alors, vainqueur de l'ombre, ô mon corps tyrannique,*
67.   *Repoussant aux forêts leur épaisseur panique,*
68.   *Tu regrettes bientôt leur éternelle nuit!*
69.   *Pour l'inquiet Narcisse, il n'est ici qu'ennui!*
70.   *Tout m'appelle et m'enchaîne à la chair lumineuse*
71.   *Que m'oppose des eaux la paix vertigineuse!*

douceur de survivre	*se retire*
à la force du jour	*brûlante et lasse*
rose d'amour	*accablée*
comblée	*mort*
trésors tendrement	*la font agenouiller*
empourprent	*s'étendre*
heureuse	*se fondre*
dans l'or	*perdre sa vendange*
	s'éteindre en un songe
	soir

/Eros/ ———————	/Thanatos/

perte en soi-même	*calme lieu*
L'âme…s'y penche	*périr*
Qu'elle demande	*pour un Dieu*
	onde, onde déserte et digne
	Sur son lustre
	lisse effacement d'un cygne
	jamais ne burent les
	troupeaux

/désir N.S.-vie/ ———————	/nature-absolu-mort/

pas le calme	*D'autres*
j'y découvre	*trouveraient le repos*

/désir N.S/ ———————	/désir des «autres»/

sombre terre	*clair tombeau*
opaque délice	*dort cette clarté*

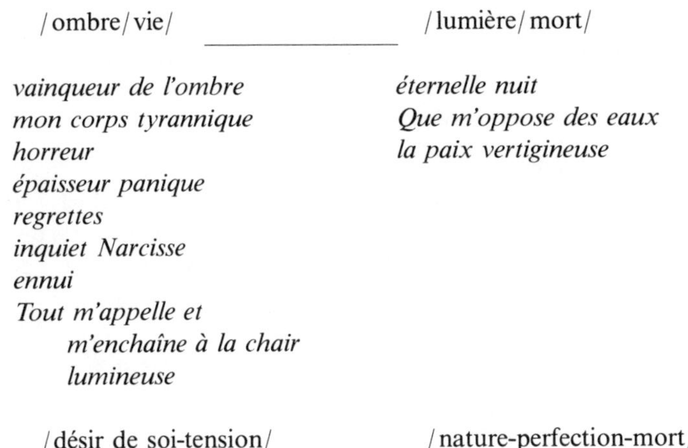

N.S. : Le passage du jour à la nuit (de la vie à la mort) est conçu ici dans les termes de l'accomplissement de la fusion par l'acte amoureux (vers 48-55). Dans ce mouvement d'auto-pénétration (de la nature par elle-même), on peut reconnaître l'idéal androgyne qui représente l'auto-suffisance sexuelle et qui est comme l'aboutissement final (qui reste toujours impossible) du désir narcissique.

Rappelons que Freud considérait la composante sadique de l'acte sexuel comme prime exemple de la co-présence chez l'homme de ces deux pulsions fondamentales. Dans cet état idéal de fusion qui n'existe que dans la nature, ces deux pulsions co-existent dans une harmonie parfaite : Eros s'incorpore et s'abandonne à Thanatos, le jour devient la nuit et la vie cède la place à la mort dans cette « universelle » destruction (Thanatos) du désir (Eros) (la véritable fusion ne pouvant exister que dans l'abolition de toute quête ou de tout désir).

Dans ce cadre d'auto-fusion de la nature, N.S. se retourne vers lui-même et cherche en lui cet absolu qui existe dans la nature (vers 56). Dans l'eau pure qui n'est qu'absence (vers 58-60), N.S. cherche à saisir un Dieu : son image ou la forme absolue de lui-même.

Dans ce *calme lieu, d'autres,* non en proie à la conscience de soi, *trouveraient le repos,* une sorte de *coïncidentia oppositorum* (la mort dans la vie ou la vie dans la mort) (vers 62), alors que pour N.S., la vision de son image ne provoquera ni une unification ni une résolution, mais la survie douloureuse de son désir de soi (vers 66, 70), et par conséquent la tension (vers 67, 69) et le désir du retour dans l'indifférencié (vers 68, 71).

N.E. : L'étude des huit premiers vers est particulièrement intéressante pour nos propos, puisque Valéry les a désignés comme étant les vers les plus « purs » de tous ceux qu'il avait écrits.

L'état de perfection et d'unification absolues que disent ces vers de façon tout à fait concrète et en même temps de façon parfaitement insubstantielle, arriveraient donc à exprimer une sorte de fusion du langage avec lui-même, du son avec le sens, du signifiant avec le signifié.

Or, en termes lacaniens, un langage qui ne « barre » pas le signifié du signifiant, n'est pas à proprement parler langage, c'est-à-dire qu'il ne veut rien dire. C'est en ce sens que Valéry a pu dire que ces huit vers sont vidés de toute signification, qu'ils ne renvoient qu'à eux-mêmes (narcissiques) et ne « disent » autre chose que leur propre perfection (auto-fusion et auto-suffisance de l'être androgyne).

L'eau, la page blanche, est *digne... du lisse effacement d'un cygne* — cygne ou son homonyme « signe », c'est-à-dire qu'elle est caractérisée essentiellement par une absence de langage. Mais N.E., qui ne vient à exister que dans les mots, y impose sa présence, brisant ainsi le cercle de la perfection et s'engageant dans le cycle de la tension, pris entre le désir de la parole et le désir du silence.

72. *Que je déplore ton éclat fatal et pur,*
73. *Si mollement de moi, fontaine environnée,*
74. *Où puisèrent mes yeux dans un mortel azur,*
75. *Les yeux mêmes et noirs de leur âme étonnée!*

déplore	*éclat*
fatal	*pur*
mortel	*azur*
/eau-mort/	/eau-perfection/
moi	*fontaine*
mes yeux	*puisèrent*
/conscience N.S./	/eau/
mes yeux	*les yeux mêmes et noirs*
/N.S./	/image/
yeux	*noirs*
/conscience/	/mort/

N.S. : L'attraction qu'exerce l'eau sur N.S. *(éclat, pur, azur)* sera l'agent de la destruction *(déplore, fatal, mortel)* : en se voyant dans l'eau *(fontaine, puisèrent)*, N.S. prendra conscience de lui-même *(moi, mes yeux)* et le désir narcissique qui s'en suit n'aura de résolution possible que dans sa mort.

Il se crée un jeu de miroirs entre les yeux de N.S. et l'eau : ses yeux « voient » ses yeux dans l'eau. Les yeux sont à N.S. *(yeux mêmes)* mais aussi « appartiennent »-ils à l'image qui « vit » *(yeux)* et est « morte » *(noirs)* en même temps. Aussi pourrait-on dire que se voir ou être conscient de soi revient à voir ou à être conscient de la mort *(yeux/noirs)*.

N.E. : Le problème du rapport entre le regard et l'image devient, pour N.E., le problème du rapport entre la pensée et le langage (qui « reflète » cette pensée). Sans doute peut-on dire que le langage « naît » de la pensée, mais qu'une fois symbolisée et concrétisée, la pensée devient opaque et « autre ». Le langage véhicule la pensée, mais ce faisant, il la perd : il est donc à la fois présence et absence, vie et mort, et, étant conscience de soi, il devient finalement conscience de la mort ou du vide qui se crée quand il se crée un langage. Dans son désir de dire le langage sans perte, N.E. devra en fin de compte abolir le langage afin de ressaisir la pensée qui l'a fait naître.

76.   *Profondeur, profondeur, songes qui me voyez,*
77.   *Comme ils verraient une autre vie,*
78.   *Dites, ne suis-je pas celui que vous croyez,*
79.   *Votre corps vous fait-il envie?*

me	*Profondeur, profondeur*
autre vie	*songes*
ne suis-je pas	*voyez*
	verraient
	celui que vous croyez
/N.S./	/eau-image/

N.S. : Les eaux « rêvent » le visage de N.S. (cf. vers 12-17), i.e. le « voient » en tant qu'objet : l'image est donc non seulement séparée de N.S., mais aussi séparée d'elles *(autre vie)*. A cause de la division entre le soi et la représentation de soi, N.S. en vient à douter de l'identité de l'image et de lui-même : n'être pas celui qu'on est pose en lui-même l'essence de tout le dilemme narcissique. Il retourne donc vers l'eau la question de son désir : est-ce qu'elle est en proie au désir de soi/lui (vers 79)?

N.E. : On pourrait se risquer à traduire (très grossièrement) cette confusion du statut de l'image par une confusion quant au statut du langage ou du texte. Cette réflexion d'un sujet est cependant séparée de lui, et il est également séparé d'un absolu de langage auquel pourtant il aspire. Est-il donc objet, détaché de tout sujet (de son auteur)? Est-il langue, détaché de toute parole? Signifiant, détaché de tout signifié? Le fait reste que toute tentative de définir le langage sera toujours dans les termes d'une opposition, ou dans un manque à être soi.

80.   *Cessez, sombres esprits, cet ouvrage anxieux*
81.   *Qui se fait dans l'âme qui veille ;*
82.   *Ne cherchez pas en vous, n'allez surprendre aux cieux*
83.   *Le malheur d'être une merveille :*
84.   *Trouvez dans la fontaine un corps délicieux…*

âme qui veille *cessez sombres esprits*
cet ouvrage anxieux

/consience de soi/ /tension/

Ne cherchez pas en vous *n'allez surprendre aux cieux*

/désir de soi/ /désir d'absolu/

Le malheur *d'être une merveille*

/tension-mort/ /amour de soi/

Trouvez dans la fontaine *un corps délicieux*

/conscience de soi/ /amour de soi/

N.S. : La conscience qui cherche à se surprendre ne peut engendrer que la tension (vers 80-81). Se chercher en soi ou se chercher dans l'absolu (vers 82) sont deux tentatives dans l'impossible de saisir l'objet de son désir.

Retourner son désir sur soi, i.e. se voir en tant qu'idéal *(merveille)* mène nécessairement à la tension narcissique et à la mort *(malheur)*. Mais voir l'image de son corps en dehors de lui-même (vers 84), donne le (faux) espoir à N.S. de pouvoir saisir l'objet de son désir lorsqu'il se présente ainsi face à lui.

N.E. : Afin de sortir du cycle vicieux narcissique (le désir de saisir une essence absolue du langage ou le langage en tant que tel), N.E. peut se leurrer en

considérant que le langage est un objet existant en dejors de lui (plutôt que
« né » de lui), et donc, en principe, potentiellement saisissable par lui.

85.   *Prenant à vos regards cette parfaite proie,*
86.   *Du monstre de s'aimer faites-vous un captif ;*
87.   *Dans les errants filets de vos longs cils de soie*
88.   *Son gracieux éclat vous retienne pensif ;*

<table>
<tr><td>*regards*
longs cils de soie</td><td>*parfaite proie*
errants filets</td></tr>
<tr><td>/ N.S. conscience /</td><td>/ image /</td></tr>
<tr><td>*captif*
retienne pensif</td><td>*monstre de s'aimer*
gracieux éclat</td></tr>
<tr><td>/ N.S. /</td><td>/ image-amour de soi /</td></tr>
</table>

N.S. : L'image, objectivée dans l'eau, donne l'illusion d'être saisissable (cf. vers
84) : elle est une *parfaite proie* qui permet à N.S. d'être subjugué par un objet
extérieur à lui qui n'est autre que lui-même (vers 86).

C'est le regard qui permet la prise (au sens littéral) de conscience du monde
et de soi (vers 87), mais cette emprise se retourne sur N.S. qui devient lui-même
captif de la tyrannie de sa propre conscience (vers 86, 88).

N.E. : Si le langage « appartient » à N.E., c'est finalement N.E. qui sera « pris »
dans le langage. L'acquisition du langage sera une façon de tenter de saisir le
monde et soi, mais une fois « enfermé » dans le langage, cette appréhension ne
pourra plus se faire que dans la perte, et provoquera le désir de saisir ce langage
en lui-même.

89.   *Mais ne vous flattez pas de le changer d'empire.*
90.   *Ce cristal est son vrai séjour ;*
91.   *Les efforts mêmes de l'amour*
92.   *Ne le sauraient de l'onde extraire qu'il n'expire...*

<table>
<tr><td>*ne vous flattez pas*
de le changer
efforts
Ne le sauraient...extraire</td><td>*empire*
cristal
vrai séjour
onde</td></tr>
<tr><td>/ N.S. désir /</td><td>/ eau-absolu /</td></tr>
</table>

amour   *expire*

/Eros/   /Thanatos/

N.S. : L'image, forme pure, « appartient » à l'eau (l'absolu), face à laquelle le désir de N.S. est impuissant ; ainsi n'arrivera-t-il jamais à « faire sortir » l'image de l'eau (vers 89-90).

Pour que N.S. puisse satisfaire son amour (i.e. se rejoindre ou *extraire* l'image de l'eau), la division devra être abolie, c'est-à-dire que l'image (ou N.S.) devra mourir (vers 91-92) : Eros entraîne irrémédiablement derrière lui Thanatos.

N.E. : N.E. n'arrivera jamais à « recoller » le langage qui dit « je » avec le « moi » qu'il est censé représenter, sans que l'un des deux (et si l'un, l'autre) ne meure.

93.   *PIRE.*
94.   *Pire?...*
95.   *Quelqu'un redit Pire... O moqueur!*
96.   *Echo lointaine est prompte à rendre son oracle!*
97.   *De son rire enchanté, le roc brise mon cœur,*
98.   *Et le silence, par miracle,*
99.   *Cesse!...parle, renaît, sur la face des eaux...*

PIRE   *brise mon cœur*
Pire
redit Pire
moqueur
Echo
rendre son oracle
rire enchanté

/Echo/   ___________   /N.S./

Echo   *silence*
Cesse!...parle,   *par miracle*
   renaît   *face des eaux*

/écho-langage/   /silence-eau-absolu/

N.S. : Dans le mythe classique, Echo, rejetée par Narcisse, lui promet un destin *pire* que la mort : l'amour de soi (cf. vers 30). N.S. se trouve donc dans cette situation impossible : face à son image et hypnotisé par elle, mais incapable de se rejoindre et incapable de se laisser mourir. L'état de tension narcissique dans lequel il se trouve *brise* son *cœur*, dans le sens où il souffre de la séparation d'avec lui-même, aussi son cœur est-il « divisé » en deux, entre lui-même et l'image.

Dans la nature, le *silence cesse* et *parle*, représentant une *coïncidentia oppositorum (miracle)*, impossible pour N.S., mais existant dans l'ordre absolu de la Nature.

N. E. : *Pire* est la reprise sonore (écho) de *expire* (vers 92). Le texte est ici pratiquement réduit au silence : l'écho d'une seule syllabe nous rappelle le destin tragique de celui qui essaie de s'appréhender : *pire* que la mort *(expire)*, car incapable de satisfaire ni sa pulsion de vie (désir) ni sa pulsion de mort.

Les mots ne pouvant dire que la faillite du mouvement narcissique, on en arrive finalement à un renoncement : le texte ici ne devient plus qu'une plainte, qu'une maigre expression de son manque à être.

La voix du silence (vers 98, 99) n'est qu'un nouveau rappel de la situation impossible de l'écrivain à la recherche d'un absolu, et pour qui l'union des contraires reste l'expression de son désir (et ne peut rester qu'expression) car il signifie en lui-même l'échec inévitable de l'accomplissement de sa démarche.

100. *Pire?...*
101. *Pire destin!... Vous le dites, roseaux,*
102. *Qui reprîtes des vents ma plainte vagabonde!*
103. *Antres, qui me rendez mon âme plus profonde,*
104. *Vous renflez de votre ombre une voix qui se meurt...*
105. *Vous me le murmurez, ramures!... O rumeur*
106. *Déchirante, et docile aux souffles sans figure,*
107. *Votre or léger s'agite, et joue avec l'augure...*
108. *Tout se mêle de moi, brutes divinités!*
109. *Mes secrets dans les airs sonnent ébruités,*
110. *Le roc rit; l'arbre pleure; et par sa voix charmante,*
111. *Je ne puis jusqu'aux cieux que je ne me lamente*
112. *D'appartenir sans force à d'éternels attraits!*
113. *Hélas! entre les bras qui naissent des forêts,*
114. *Une tendre lueur d'heure ambiguë existe...*
115. *Là, d'un reste du jour, se forme un fiancé,*
116. *Nu, sur la place pâle où m'attire l'eau triste,*
117. *Délicieux démon désirable et glacé!*

ma plainte vagabonde	*Pire*
une voix qui se meurt	*Pire destin*
Mes secrets...	*Vous le dites, roseaux*
sonnent ébruités	*Qui reprîtes des vents*
je ne me lamente	*Vous renflez de votre ombre*
	Vous me le murmurez, ramures
	O rumeur
	Déchirante, et docile aux
	souffles sans figure
	Le roc rit, l'arbre pleure
	et par sa voix charmante

/ voix-N.S. /	/ voix-nature /

Tout se mêle de moi	*brutes divinités*
Je ne puis	*Votre or léger s'agite*
D'appartenir sans force	*joue avec l'augure*
	jusqu'aux cieux
	éternels attraits

/ N.S. tension-impuissance /	/ nature-absolu-force /

entre les bras	*Hélas*
qui naissent des forêts	*tendre lueur*
se forme un fiancé	*heure ambiguë*
m'attire	*reste du jour*
Délicieux	*Nu*
désirable	*place pâle*
	eau triste
	démon
	glacé

/ image-Eros /	/ image-Thanatos /

N.S. : La nature a « repris » la voix de N.S. (vers 101-102) : il ne fait ainsi que mieux entendre son désespoir (vers 103-104), mais il perd en même temps le pouvoir de la parole (vers 104). Cette plainte, prise à N.S., qui « vient » à présent de la voix non humaine de la nature *(docile aux souffles sans figure)* proclame la douleur *(déchirante)* de N.S. (vers 109).

Le *pire destin*, rappelons-le, consiste en un déplacement de la barre séparatrice entre les sexes à l'opposition plus radicale qui sépare N.S. de l'absolu.

Les forces de la nature *(brutes divinités)* «jouent» avec le destin de N.S. (vers 107). Dans sa passion confuse *(Tout se mêle de moi)*, il perçoit dans la nature comme un écho reflétant ses états contradictoires *(Le roc rit; l'arbre pleure)*. Mais la voix ensorcelante *(charmante)* de la nature attire l'impuissant N.S. irrémédiablement à elle (vers 111-112).

Entre les bras de la nature, dans le peu de lumière qui subsiste lorsque le jour fait place à la nuit (vers 114-115), N.S. aura encore la vision de l'image qu'il désire (Eros), mais qui causera son désespoir et sa mort (Thanatos). L'objet de son amour est vu en ces termes antagonistes : *délicieux* et *désirable*, mais comme un *démon glacé*, car il est «mort», et en attirant N.S. vers lui, il l'attirera, dans cette atmosphère de froide tristesse (vers 116), vers sa (leur) mort.

N.E. : Dans ce *pire destin* qu'est la confrontation avec l'absolu, N.E. en arrivera, nous l'avons dit, à perdre le pouvoir de la parole *(une voix qui se meurt)*. La nature qui «enlève» la voix à N.E. (vers 101-102) est *souffles sans figure*, paradoxe signalant une voix dépersonnalisée, et donc non fondée dans l'aliénation comme l'est toute voix humaine. Face à cet ordre absolu du langage, N.E. ne peut que vivre de façon d'autant plus aiguë sa propre incapacité de s'exprimer dans un langage qui pourtant le définit.

Une fois «pris» dans l'ordre symbolique, N.E. sera attiré, presque malgré lui, à saisir l'essence de ce langage (afin de saisir le soi) (vers 111-112), mais n'arrivera jamais à se dire (Eros) que dans le manque et l'impuissance (Thanatos).

L'allitération *dé*licieux *dé*mon *dé*sirable renforce l'unité de ces deux forces opposées en même temps que le rapport non-disjonctif du langage (surface/profondeur) : les trois sons relient à la surface en un semblant d'unité ce qui est, dans le sens de la profondeur, une dichotomie essentielle.

118. *Te voici, mon doux corps de lune et de rosée,*
119. *O forme obéissante à mes vœux opposée!*
120. *Qu'ils sont beaux, de mes bras les dons vastes et vains!*
121. *Mes lentes mains, dans l'or adorable se lassent*
122. *D'appeler ce captif que les feuilles enlacent;*
123. *Mon cœur jette aux échos l'éclat des noms divins!...*

<table>
<tr><td>Te voici</td><td>à mes vœux opposée</td></tr>
<tr><td>mon doux corps</td><td>et vains</td></tr>
<tr><td>de lune et de rosée</td><td></td></tr>
<tr><td>O forme obéissante</td><td></td></tr>
</table>

Qu'ils sont beaux
de mes bras
les dons vastes

/ N.S. désir-image/   / N.S. tension/

mes lentes mains   *dans l'or adorable*
se lassent   *que les feuilles enlacent*
D'appeler ce captif

/ N.S. désir-tension/   / image-nature/

Mon cœur jette   *aux échos*
                           l'éclat des noms divins

/ N.S. désir-tension/   / absolu-nature/

N.S. : La perception de l'image crée le désir et l'idéalisation de l'image (vers 118). Cette image est conforme *(obéissante)* au corps de N.S. (d'où la naissance du désir de soi), mais elle est également une entrave à la réalisation de son désir *(à mes vœux opposée),* car elle est, de par son édification en objet, irrémédiablement séparée du sujet qui la perçoit.

N.S. a créé l'image (elle est « de » lui [vers 120]), mais elle appartient fondamentalement à la nature *(captif)* qui apparaît à N.S. comme une rivale *(que les feuilles enlacent).*

Dans sa frustration d'appeler à lui son image, N.S. crie son tourment à la nature *(Mon cœur jette aux échos)* : *l'éclat des noms divins* est en même temps un appel et une invective envers l'absolu auquel il se heurte.

N.E. : N.E., « amoureux » de son langage (vers 118-120), est conscient de la futilité *(vains)* de sa démarche. Dans son désir de saisir le désir qu'il « crée », il doit affronter un ordre absolu de langage qui « détient » ce langage (cf. l'ordre symbolique qui « préside » déjà à sa naissance). N.E. criera son désir et sa frustration aux *noms divins,* qui peuvent représenter, à ce niveau métaphorique, les termes d'un langage absolu.

124.   *Mais que ta bouche est belle en ce muet blasphème!*

que ta bouche est belle   *en ce muet blasphème*

/ désir-Eros/   / tension-Thanatos/

muet	*blasphème*
/silence/	/langage/

N.S. : L'image, en tant que double, profère les paroles de N.S., mais dans le silence *(muet)*, comme une sorte d'écho visuel. Pour l'image, l'union des contraires existe : la parole peut être muette, rejoindre le silence de l'absolu. Autre paradoxe : dans l'idéalisation de l'objet de son désir, N.S. voit en termes positifs *(belle)* l'expression du *blasphème* (cf. vers 123). Mais c'est précisément l'appel (désir) à (contre) l'absolu qui instaure la tension qui ne trouvera de résolution que dans la mort ou la cessation de toute parole.

N.E. : Le langage de N.E. est le « reflet » de sa pensée, mais est comme une forme « muette » qui ne « contient » pas ce qu'elle est censée véhiculer. Elle ne fait finalement qu'« immobiliser » ou « plastifier » la pensée sans la dire toute entière. Cependant, le langage reste la seule « expression » de son désir et est donc valorisée positivement : *ta bouche est belle*, c'est si beau de parler, même si la parole est vouée à l'échec et finalement au silence.

125.   *O semblable!... Et pourtant plus parfait que moi-même,*
126.   *Ephémère immortel, si clair devant mes yeux,*
127.   *Pâles membres de perle, et ces cheveux soyeux,*
128.   *Faut-il qu'à peine aimés, l'ombre les obscurcisse,*
129.   *Et que la nuit déjà nous divise, ô Narcisse,*
130.   *Et glisse entre nous deux le fer qui coupe un fruit!*
131.   *Qu'as-tu?*
132.   *Ma plainte même est funeste?...*
133.   *Le bruit*
134.   *Du souffle que j'enseigne à tes lèvres, mon double,*
135.   *Sur la limpide lame a fait courir un trouble!...*
136.   *Tu trembles!... Mais ces mots que j'expire à genoux*
137.   *Ne sont pourtant qu'une âme hésitante entre nous,*
138.   *Entre ce front si pur et ma lourde mémoire...*
139.   *Je suis si près de toi que je pourrais te boire,*
140.   *O visage!... Ma soif est un esclave nu...*
141.   *Jusqu'à ce temps charmant je m'étais inconnu,*
142.   *Et je ne savais pas me chérir et me joindre!*
143.   *Mais te voir, cher esclave, obéir à la moindre*
144.   *Des ombres dans mon cœur se fuyant à regret,*
145.   *Voir sur mon front l'orage et les feux d'un secret,*
146.   *Voir, ô merveille, voir! ma bouche nuancée*
147.   *Trahir...peindre sur l'onde une fleur de pensée,*

148.   *Et quels événements étinceler dans l'œil!*
149.   *J'y trouve un tel trésor d'impuissance et d'orgueil,*
150.   *Que nulle vierge enfant échappée au satyre,*
151.   *Nulle! aux fuites habiles, aux chutes sans émoi,*
152.   *Nulle des nymphes, nulle amie, ne m'attire*
153.   *Comme tu fais sur l'onde, inépuisable Moi!...*

O semblable	*plus parfait*
que moi-même	*immortel*
éphémère	*si clair*
devant mes yeux	*pâles membres de perle*
	cheveux soyeux
/image-conscience/	/image-idéal/
à peine aimés	*l'ombre les obscurcisse*
/Eros/	/Thanatos/
nous	*divise*
nous	*ô Narcisse*
un fruit	*glisse entre*
	le fer qui coupe
/non-disjonction/	/division/
Ma plainte même	*est funeste*
/désir-tension/	/mort/
le bruit	*Du souffle*
que j'enseigne	*à tes lèvres*
ces mots	*que j'expire*
/N.S. langage/	/image-silence-mort/
trouble	*limpide lame*
tu trembles	
/tension/	/eau-pureté/

qu'une âme hésitante
      entre nous
Je suis si près de toi
je pourrais te boire

   /non-disjonction/ ___________

Entre ce front si pur

   /image-pureté/ ___________

je pourrais te boire

   /N.S. désir/ ___________

je m'étais inconnu
je ne savais pas

   /non-conscience de soi/ ___________

te voir
Voir

   /conscience/ ___________

ombres
orage

   /Thanatos/ ___________

voir
trahir
peindre

   /conscience/ ___________

impuissance

   /limites/ ___________

Entre ce front si pur et
      ma lourde mémoire

   /division/

et ma lourde mémoire

   /N.S. tension/

est un esclave nu

   /N.S. impuissance/

Jusqu'à ce temps charmant
me chérir et me joindre

   /conscience de soi/

cher esclave
obéir à la moindre

   /image-double/

cœur
feux

   /Eros/

ô merveille
sur l'onde
une fleur de pensée
étinceler dans l'œil

   /perfection/

trésor
orgueil

   /absolu/

nulle vierge enfant	*ne m'attire*
Nulle des nymphes	*Comme tu fais sur l'onde*
nulle amie	*inépuisable Moi*
/amour d'objet/	/amour narcissique/

N.S. : L'image dans le miroir se caractérise par son identité/séparation (d') avec le sujet. Face à son double, N.S. est confronté à une forme idéalisée *(plus parfait)* de lui-même : elle n'existe qu'à travers lui *(éphémère)*, elle est donc « de » lui *(semblable)* mais est séparée de lui puisqu'elle fait fondamentalement partie de l'ordre de l'absolu *(immortel)*.

Plus la perception (conscience) de l'image est « claire » *(si clair devant mes yeux)*, plus elle devient idéalisée : il y a ici découpage et idéalisation du corps en ses constituantes métonymiques *(membres, cheveux)*, conforme à la surestimation sexuelle des parties du corps dans le sentiment amoureux. Les qualificatifs *pâle*, *de perle* et *soyeux* renvoient à cette qualité presqu'irréelle de beauté diaphane ou translucide de l'image.

Se voir et s'aimer (Eros) entraînent la mort (Thanatos) : *l'ombre* vient remplacer la lumière *(si clair)* et effacer l'image. N.S. a alors l'impression de se perdre (vers 129-130). Le leurre fondamental du narcissisme est ici mis en évidence : N.S. sent que l'unité de soi avec soi est rendue impossible lorsque la conscience (perception) de soi est éliminée, alors que le contraire est vrai : ce n'est que dans la *nuit* (lorsque la perception de l'objet disparaît), que l'unité deviendra possible.

Dire sa douleur est un présage de mort (vers 132) car cela présuppose la conscience d'être. Ostensiblement, l'intrusion des paroles de N.S. *(souffle)* trouble le calme de l'eau (la perfection de l'état de nature) et fait trembler l'image *(Tu trembles!)*, i.e. provoque sa « mort » (vers 134-135). Mais plus essentiellement (cf. N.E.), les paroles de N.S. deviennent, sur les lèvres de l'image, un langage de (la) mort (vers 136).

N.S. prend conscience de l'ambivalence de l'état narcissique en se voyant en même temps loin (vers 138) et très près (vers 137-139) de soi. On « est » finalement celui qu'on se perçoit comme « étant » (non-disjonction) : il sent qu'il pourrait presque incorporer *(boire)* son image, mais perçoit également la division très nette *entre ce front si pur* (forme pure) *et ma lourde mémoire* (son « fardeau » distinctement humain). Il y a véritablement ici l'opposition forme/contenu : le *front* étant, de l'esprit, comme la « façade » extérieure, alors que la mémoire représente une épaisseur (même temporelle) de signification.

Contre son désir *(soif)* de « s'engloutir » (vers 139), N.S. est impuissant *(esclave nu)* : une fois qu'il s'est vu, le sujet est éternellement voué au désir de se rejoindre. Ainsi le moment de la prise de conscience devient-il *charmant* : enchanteur, comme une promesse de la connaissance de soi et de la possibilité de se joindre, et ensorcelant, car le premier pas (fatal) dans le cycle narcissique.

N.S. est donc *esclave* de l'image (vers 140), mais inversement l'image est son *esclave* (vers 143). C'est précisément ce *double bind* qui constitue l'attraction/ le drame du mouvement narcissique : ne pouvoir aimer (être esclave de) que son double (son esclave).

N.S. voit reflétée dans l'image la lutte entre Eros et Thanatos qui se joue en lui (vers 144-145). C'est également grâce au rapport (ou à la confrontation) avec l'idéal que représente l'image, qu'il croit pouvoir « s'imprimer », par le langage *(trahir, bouche)* et par la création d'une « forme » *(peindre) sur l'onde* (l'idéal) sous une forme « déshumanisée » *(fleur de pensée)* et donc parfaite ou absolue.

L'œil dans l'eau (double jeu de miroirs), reflète cette conscience de la conscience de soi (vers 148). Dans cette « double » conscience de lui-même, N.S. énonce clairement le dilemme de sa condition de mortel : son *impuissance* fondamentale mais sa constante volonté de dépassement *(orgueil)*, autrement dit, les paramètres de toute entreprise humaine, prise entre le vouloir et le pouvoir, où se situe, très spécifiquement, le mouvement narcissique.

Seul l'amour (la conscience) de soi provoque cette confrontation fonda-mentale entre l'humain et l'absolu, et donc elle seule « donne à voir » les limites de l'essence de l'être. Ainsi, pour N.S., l'amour d'objet hétérosexuel *(nulle vierge enfant, nulle des nymphes, nulle amie)*, qui est un déplacement, rappelons-le, de la barre séparatrice vie/ mort à celle qui sépare les sexes, semble « périférique » et inconséquent (nous avons vu que l'amour narcissique fonde les formes d'amour subséquentes). Seul le *Moi*, qui se répercute à l'infini *(inépuisable)*, donne l'espoir à N.S. d'entrevoir cet infini ou cet idéal qui constitue le but et le fondement de toute sa recherche.

N.E. : Pour N.E., l'idéalisation de l'image devient idéalisation du langage en tant qu'instrument permettant l'appréhension (compréhension) de soi. Le lan-gage est forme (corps) concrète (objet du désir), mais est en même temps comme irréel et intangible, car il ne « contient » pas la pensée (vers 125-127). Une fois « exprimé », le langage devient objet du désir, mais devra mourir pour rejoindre la pensée qui l'a fait naître (vers 128-130).

Nous voyons ici le leurre du narcissisme dans ses rapports avec le langage. N.E. pense pouvoir s'appréhender grâce au langage qui le définit, alors que le contraire est vrai : ce n'est que dans la mort du langage (le silence) que N.E. pourra mettre fin à la division entre le soi et la représentation de soi dans la chaîne symbolique.

La lamentation même de N.E. (vers 132) devient expression de la mort : être conscient de la division (le manque) créée par le langage n'a d'issue possible que dans la mort du langage (et) du sujet. Si, d'après Lacan (1966), « le symbole se manifeste d'abord comme meurtre de la chose » (p. 204), on comprend ici que le sujet « meurt » dans le langage à cause de son incapacité d'y « être ».

La barre séparatrice du langage peut n'être considérée qu'un faible obstacle (vers 137-139) entre le sujet et sa représentation puisqu'il lui permet en premier lieu de se définir en tant que tel. Mais d'un autre côté, elle représente la distance infranchissable entre la forme du langage *(ce front si pur)* et le contenu ou la pensée qu'il est censé véhiculer *(lourde mémoire),* ou en fin de compte, entre le signifiant et le signifié.

Si N.E. est esclave du désir du langage (n'ayant que lui pour se définir), le langage est en même temps *son* esclave, car, étant une manifestation proprement humaine, il n'existe qu'à travers lui. Encore et toujours le même *double bind* : N.E. dépend du langage pour se dire, mais la « mise en œuvre » de ce langage ne signale jamais que l'impossibilité constante de sa démarche.

Jusqu'au moment *charmant* de l'accès au symbolique (qui « seconde » ici la prise de conscience de soi lors du stade du miroir), N.E., sans conscience de lui-même, n'aura pas encore initié le mouvement qui déterminera le reste de son existence : la longue et vaine quête de lui-même. Mais une fois inséré dans l'ordre du langage, il sera à jamais pris dans le délire de se dire dans le cercle vicieux du langage qui « ne fait que parler ».

Dans son désir d'absolu, N.E. voudrait s'imprimer sur la pureté de la page blanche dans une pensée non « pétrifiée » (morte) par son insertion dans la forme langagière : une pensée « vivante », mais non humaine (non soumise à la division de l'ordre symbolique) : une pensée « idéale », *une fleur de pensée.*

Dans cette recherche d'un langage idéal, il voit sa *bouche trahir* l'essence même du langage, et ressent, dans son défi à l'ordre qui le constitue, l'*impuissance* et *l'orgueil* qui caractérisent toute tentative humaine de transcender la condition qui le définit.

Une fois conscient de la conscience du langage (jeu de miroirs), le désir de dire toute autre chose que le langage lui-même devient « insignifiant ». Cette conscience de la conscience répercute le langage à l'infini, conférant au sujet un rapport vertigineux au langage qui se dédouble (et se défait) devant (et dedans) lui.

2. Fragment II

154. *Fontaine, ma fontaine, eau froidement présente,*
155. *Douce aux purs animaux, aux humains complaisante*
156. *Qui d'eux-mêmes tentés suivent au fond la mort,*
157. *Tout est songe pour toi, Sœur tranquille du Sort!*
158. *A peine en souvenir change-t-il un présage,*
159. *Que pareille sans cesse à son fuyant visage,*
160. *Sitôt de ton sommeil les cieux te sont ravis!*
161. *Mais si pure tu sois des êtres que tu vis,*
162. *Onde, sur qui les ans passent comme les nues,*
163. *Que de choses pourtant doivent t'être connues,*
164. *Astres, roses, saisons, les corps et leurs amours!*
165. *Claire, mais si profonde, une nymphe toujours*
166. *Effleurée, et vivant de tout ce qui l'approche,*
167. *Nourrit quelque sagesse à l'abri de sa roche,*
168. *A l'ombre de ce jour qu'elle peint sous les bois.*
169. *Elle sait à jamais les choses d'une fois...*
170. *O présence pensive, eau calme qui recueilles*
171. *Tout un sombre trésor de fables et de feuilles,*
172. *L'oiseau mort, le fruit mûr, lentement descendus,*
173. *Et les rares lueurs des clairs anneaux perdus.*
174. *Tu consommes en toi leur perte solennelle;*
175. *Mais, sur la pureté de ta face éternelle,*
176. *L'amour passe et périt...*
177. *Quand le feuillage épars*
178. *Tremble, commence à fuir, pleure de toutes parts,*
179. *Tu vois du sombre amour s'y mêler la tourmente,*
180. *L'amant brûlant et dur ceindre la blanche amante,*
181. *Vaincre l'âme... Et tu sais selon quelle douceur*
182. *Sa main puissante passe à travers l'épaisseur*
183. *Des tresses que répand la nuque précieuse,*
184. *S'y repose, et se sent forte et mystérieuse;*
185. *Elle parle à l'épaule et règne sur la chair.*
186. *Alors les yeux fermés à l'éternel éther*
187. *Ne voient plus que le sang qui dore leurs paupières;*
188. *Sa pourpre redoutable obscurcit les lumières*
189. *D'un couple aux pieds confus qui se mêle, et se ment.*
190. *Ils gémissent... La Terre appelle doucement*
191. *Ces grands corps chancelants, qui luttent bouche à bouche,*
192. *Et qui, du vierge sable osant battre la couche,*

193. *Composeront d'amour un monstre qui se meurt…*
194. *Leurs souffles ne font plus qu'une heureuse rumeur,*
195. *L'âme croit respirer l'âme toute prochaine,*
196. *Mais tu sais mieux que moi, vénérable fontaine,*
197. *Quels fruits forment toujours ces moments enchantés!*
198. *Car, à peine les cœurs calmes et contentés*
199. *D'une ardente alliance expirée en délices,*
200. *Des amants détachés tu mires les malices,*
201. *Tu vois poindre des jours de mensonges tissus,*
202. *Et naître mille maux trop tendrement conçus!*
203. *Bientôt, mon onde sage, infidèle et la même,*
204. *Le Temps mène ces fous qui crurent que l'on aime*
205. *Redire à tes roseaux de plus profonds soupirs!*
206. *Vers toi, leurs tristes pas suivent leurs souvenirs…*
207. *Sur tes bords, accablés d'ombres et de faiblesse,*
208. *Tout éblouis d'un ciel dont la beauté les blesse*
209. *Tant il garde l'éclat de leurs jours les plus beaux,*
210. *Ils vont des biens perdus trouver tous les tombeaux…*
211. *« Cette place dans l'ombre était tranquille et nôtre!»*
212. *« L'autre aimait ce cyprès, se dit le cœur de l'autre,*
213. *« Et d'ici, nous goûtions le souffle de la mer!»*
214. *Hélas! la rose même est amère dans l'air…*
215. *Moins amers les parfums des suprêmes fumées*
216. *Qu'abandonnent au vent les feuilles consumées!…*
217. *Ils respirent ce vent, marchent sans le savoir,*
218. *Foulent aux pieds le temps d'un jour de désespoir…*
219. *O marche lente, prompte, et pareille aux pensées*
220. *Qui parlent tour à tour aux têtes insensées!*
221. *La caresse et le meurtre hésitent dans leurs mains,*
222. *Leur cœur, qui croit se rompre au détour des chemins,*
223. *Lutte, et retient à soi son espérance étreinte.*
224. *Mais leurs esprits perdus courent ce labyrinthe*
225. *Où s'égare celui qui maudit le soleil!*
226. *Leur folle solitude, à l'égal du sommeil,*
227. *Peuple et trompe l'absence; et leur secrète oreille*
228. *Partout place une voix qui n'a point de pareille.*
229. *Rien ne peut dissiper leurs songes absolus;*
230. *Le soleil ne peut rien contre ce qui n'est plus!*
231. *Mais s'ils traînent dans l'or leurs yeux secs et funèbres,*
232. *Ils se sentent des pleurs défendre leurs ténèbres*
233. *Plus chères à jamais que tous les feux du jour!*

234. *Et dans ce corps caché tout marqué de l'amour*
235. *Que porte amèrement l'âme qui fut heureuse,*
236. *Brûle un secret baiser qui la rend furieuse...*

Fontaine   *ma fontaine*
froidement   *présente*

/nature-absolu/   /N.S. + nature/

froidement présente   *Douce aux purs animaux*
                                        aux humains complaisante
                                        Qui d'eux-mêmes tentés
                                                suivent au fond la mort

/N.S./nature/   /«autres» + nature/

en souvenir   *Tout est songe pour toi*
change-t-il un présage   *Sœur tranquille du Sort*
fuyant visage   *pareille sans cesse*
sur qui les ans passent   *sommeil*
                                        cieux
                                        comme des nues

/passage du temps/   /absolu-éternité/

des êtres que tu vis   *si pure tu sois*
Que de choses doivent t'être   *onde*
        connues
Astres, roses, saisons, les
        corps et leurs amours

/nature-connaissance/   /nature-pureté/

Claire   *si profonde*
vivant   *une nymphe toujours*
Nourrit quelque sagesse   *tout ce qui l'approche*
de ce jour   *elle sait à jamais*
qu'elle peint
les choses d'une fois

/vie/   /absolu/

O présence pensive　　　　　　　*sombre trésor de fables et*
eau calme qui recueilles　　　　　　　　*de feuilles*
consommes en toi　　　　　　　*L'oiseau mort*
　　　　　　　le fruit mûr
　　　　　　　lentement descendus
　　　　　　　Et les rares lueurs des
　　　　　　　　　clairs anneaux perdus
　　　　　　　perte solennelle

　/eau-contenant-vie/　　　　　　　　　/eau-contenu-mort/
　——————————————

Mais sur la pureté de ta　　　　　　　*L'amour passe et périt*
　　face éternelle

　/absolu/　　　　　　　　　　　/Eros/Thanatos/
　——————————————

Tremble　　　　　　　*amour*
commence à fuir　　　　　　　*blanche amante*
pleure de toutes parts　　　　　　　*quelle douceur*
sombre　　　　　　　*Des tresses que répand la*
s'y mêler la tourmente　　　　　　　　*nuque précieuse*
L'amant brûlant et dur　　　　　　　*Elle parle à l'épaule*
ceindre　　　　　　　*et règne sur la chair*
Vaincre l'âme　　　　　　　*se mêle*
Sa main puissante passe à　　　　　　　*bouche à bouche*
　　travers l'épaisseur　　　　　　　*la couche*

S'y repose　　　　　　　*Composeront d'amour*
se sent forte
Ils gémissent
La Terre appelle doucement
grands corps chancelants
lutte
battre
monstre qui se meurt

　/Thanatos/　　　　　　　　　　/Eros/
　——————————————

yeux fermés　　　　　　　*éternel éther*

　/non-conscience/　　　　　　　　/absolu/
　——————————————

Ne voient plus que le sang	*obscurcit les lumières*
qui dore leurs paupières	
Sa pourpre redoutable	
/Eros/Thanatos/	/non-conscience/
croit	*Leurs souffles ne font plus*
toute prochaine	*qu'une heureuse rumeur*
Quels fruits forment	*L'âme... respirer l'âme*
toujours	*ces moments enchantés*
/leurre-division/	/Eros-unité/
ardente	*à peine les cœurs calmes*
expirée	*et contentés*
détachés	*alliance*
malices	*en délices*
	amants
/Thanatos/	/Eros/
poindre des jours	*mensonges tissus*
naître	*mille maux*
tendrement conçus	
/vie-Eros/	/Thanatos/
Bientôt	*mon onde sage*
Le Temps	*la même*
infidèle	*Redire à tes roseaux*
	Vers toi
/passage du temps/	/absolu-éternité/
Tu sais mieux que moi	*ces fous qui crurent que*
onde sage	*l'on aime*
/nature-connaissance/	/Eros-leurre/

tristes pas / *leurs souvenirs*
accablés d'ombres / *éblouis d'un ciel dont la*
et de faiblesse / *beauté*
les blesse / *Tant il garde l'éclat de*
perdus / *leurs jours les plus beaux*
trouver tous les tombeaux / *biens*
dans l'ombre / *place… tranquille et*
ce cyprès / *nôtre*
Hélas / *aimait*
est amère / *le cœur*
/ *la rose même*

/ Thanatos /　　　　　———　　　　　/ Eros /

L'autre… l'autre　　　　　　　　　　*nôtre*

/ division /　　　　　———　　　　　/ unité /

rose　　　　　　　　　*parfums des suprêmes*
　　　　　　　　　　　　fumées
　　　　　　　　　　　　feuilles consumées

/ Eros /　　　　　———　　　　　/ Thanatos /

Ils respirent　　　　　　　*ce vent*
marchent　　　　　　　　*sans le savoir*
Foulent aux pieds le temps　　*d'un jour de désespoir*

/ mouvement-vie /　　　———　　　/ finalité-mort /

marche　　　　　　　*lente, prompte*
parlent　　　　　　　*pareille aux pensées*
　　　　　　　　　　　tour à tour
　　　　　　　　　　　têtes insensées

/ vie /　　　　　———　　　　　/ tension /

<table>
<tr><td>La caresse</td><td>le meurtre</td></tr>
<tr><td>Leur cœur</td><td>croit se rompre</td></tr>
<tr><td>Lutte</td><td></td></tr>
<tr><td>retient à soi</td><td></td></tr>
<tr><td>son espérance étreinte</td><td></td></tr>
</table>

| /Eros-désir/ ___________ | /Thanatos/ |

<table>
<tr><td>esprits perdus</td><td>le soleil</td></tr>
<tr><td>détour des chemins</td><td></td></tr>
<tr><td>courent ce labyrinthe</td><td></td></tr>
<tr><td>s'égare celui qui maudit</td><td></td></tr>
</table>

| /non-désir d'absolu/ ___________ | /absolu/ |

<table>
<tr><td>Leur folle solitude</td><td>Peuple et trompe l'absence</td></tr>
<tr><td>à l'égal du sommeil</td><td></td></tr>
</table>

| /séparation/ ___________ | /leurre/ |

<table>
<tr><td>absence</td><td>Partout place</td></tr>
<tr><td>ce qui n'est plus</td><td>une voix</td></tr>
</table>

| /absence/ ___________ | /présence/ |

<table>
<tr><td>Rien ne peut dissiper</td><td>songes absolus</td></tr>
<tr><td>ne peut rien</td><td>Le soleil</td></tr>
</table>

| /impuissance/ ___________ | /absolu/ |

<table>
<tr><td>traînent</td><td>défendre</td></tr>
<tr><td></td><td>Plus chers à jamais</td></tr>
</table>

| /Thanatos/ ___________ | /Eros/ |

<table>
<tr><td>dans l'or</td><td>funèbres</td></tr>
<tr><td>feux du jour</td><td>pleurs</td></tr>
<tr><td></td><td>ténèbres</td></tr>
</table>

| /Eros/ ___________ | /Thanatos/ |

corps caché	*marqué de l'amour*
secret baiser	

/Eros-absence/	/Eros-présence/
marqué	*l'amour*
Brûle	*l'âme qui fut heureuse*
porte amèrement	*secret baiser*
la rend furieuse	

/Thanatos/	/Eros/

N.S. : N.S. est exclu *(froidement)* de l'absolu que représente l'eau *(Fontaine)*, mais il en « fait partie » *(ma fontaine, présente)* également puisque son image y baigne. La relation oppositionnelle de N.S. à l'eau s'oppose à la relation d'unité sereine *(douce, complaisante)* qu'entretiennent avec l'absolu ceux qui ne dressent pas devant eux leur image et leur désir de soi : *les purs animaux* et les *humains qui d'eux-mêmes tentés suivent au fond la mort*, c'est-à-dire ceux qui ne vivent pas la tension pulsion de vie/pulsion de mort.

Quant à l'eau, elle a la qualité d'être éternelle tout en marquant le passage du temps *(coïncidentia oppositorum)*, tout comme *(Sœur)* le *Sort* qui est « en dehors » *(songe)* du temps, tout en le déterminant *(sur qui les ans passent comme des nues* : le passage du temps s'y reflète sans s'y imprimer véritablement). Autre manifestation de la *coïncidentia oppositorum* de l'absolu (l'eau) : elle réunit en elle-même les caractéristiques de la connaissance (vers 163) et de la pureté (vers 161), alors que pour N.S., toute connaissance implique immédiatement une distance, une séparation de l'absolu (ou de l'état de pureté originelle).

La nymphe, créature de l'absolu, unit également les contraires : la mort, l'éternel et la connaissance absolue *(si profonde, toujours, ombre, elle sait à jamais)* avec l'éphémère *(les choses d'une fois)* des manifestations proprement « humaines » *(vivant, nourrit, peint)*.

L'eau, *calme* et constante, *recueille* en elle la mort *(coïncidentia oppositorum* vie/mort), c'est-à-dire les éléments de la nature *(oiseau, fruit)*, qui sont engloutis *(lentement descendus)* par elle. Ces « morts » s'accomplissent sans tension dans le cadre absolu *(solennelle)* de la nature.

A peine suggéré, dans un équivoque clair/obscur : *les rares lueurs des clairs anneaux perdus*, la mort de l'amour (Eros/Thanatos), opposition qui est reprise (vers 175, 176) cette fois en « noir et blanc » : l'amour (humain) est sujet au passage du temps et mène invariablement à la (sa) mort, alors que l'eau (absolu) unit les contraires (vie/mort) et reste éternelle.

L'opposition Eros/Thanatos est reprise et développée dans le long paragraphe qui suit (vers 177-236), dans ses trois manifestations possibles : 1) la coexistence et la lutte entre ces deux pulsions : la mort dans l'amour; 2) l'impossibilité de la fusion sexuelle et donc l'inévitable mort de l'amour; et 3) l'amour de la mort : dernière et ultime manifestation du désir.

Des vers 178 à 193 s'entrelacent explicitement la passion (Eros) et l'agressivité (Thanatos) : *sombre amour/tourmente* (vers 179), *amant brûlant et dur/ blanche amante* (vers 180), *douceur/puissante* (vers 181, 182), *luttent/bouche à bouche* (vers 192) etc.

Ceux qui sont soumis à l'emprise fatale de la passion *(ne voient plus que le sang, sa pourpre redoutable)* sont aveuglés *(yeux fermés, obscurcit les lumières)* par l'attrait (et le leurre) de la sexualité *(qui dore leurs paupières)*, et n'aspirent pas à l'idéal *(éternel éther)* qui leur permettrait de dépasser cette pathétique condition. (L'amour narcissique serait cet idéal, l'auto-sexualité niant en principe la séparation et l'impossibilité de la fusion des corps).

Les vers 194-197 reprennent le concept du leurre de la sexualité : l'union sexuelle est une illusion qui contient en elle-même le germe de sa destruction, car étant foncièrement impossible, la sexualité ne peut être vécue que comme échec ou mort. Ainsi la mort d'Eros et la naissance de Thanatos sont-elles inextricablement liées (vers 198-202).

Les vers 203-205 reprennent en même temps la nature double de l'eau : changeante et éternelle (cf. *coïncidentia oppositorum* vers 157-164) et le leurre de l'amour sexuel *(ces fous qui crurent que l'on aime)*. L'absolu auquel se heurte le désir est ici représenté par *le Temps* : contrairement à l'eau qui peut être *infidèle* (changeante) tout en restant *la même*, l'amour sexuel est voué à la destruction car il est soumis à des forces qui le dépassent. Par définition, ce qui était n'est plus, le souvenir de l'amour (Eros) ne devient plus que signe de la mort (Thanatos) (vers 207-210).

Nôtre/l'autre... l'autre (vers 211-212) oppose clairement l'illusion de l'union sexuelle dans l'emploi du pronom pluriel qui présuppose l'union (grammaticale au moins) de plus d'un *je*, et la séparation fondamentale entre *l'autre* et *l'autre* qui caractérise la mort de l'amour, mais qui surtout met à nu le leurre : la vérité de l'un et de l'autre est de ne jamais pouvoir se rejoindre. Aussi *l'autre* est-il condamné à *se dire : l'autre* n'étant qu'absence, il ne reste plus que l'auto-réflexion (et la parole).

Dans cette triste perspective, le signe de la mort *(fumées, consumées)* est *moins amer* que le signe de l'amour *(rose)* : il n'y a pas de leurre dans la mort, puisqu'elle ne « promet » rien et signifie la résolution de tout. La pulsion de mort, qui opère synchroniquement avec la pulsion de vie, finira par l'emporter sur elle : tout ce qui représente la vie ne peut donc être, en fin de compte, qu'un mouvement vers sa propre perte (vers 217-218).

La *marche* (vie) vers la mort se fait dans une tension continuelle *(lente, prompte, parlent tour à tour)* entre le désir de prolonger la vie et le désir de se plonger dans la mort pour ceux qui se font des illusions *(têtes insensées)* quant au pouvoir de l'amour : le désir *(la caresse)* et la mort *(le meurtre)* sont les deux pôles entre lesquels vacille toute leur existence *(hésitent entre leurs mains)*, tant que l'espoir *(espérance)* de la satisfaction du désir subsiste *(étreinte)*. Le *détour* par l'amour d'objet est une « déviation » par rapport à l'amour de soi qui place l'être dans un rapport d'opposition immédiate avec (contre) l'absolu (vers 224-225).

C'est la présence de son désespoir (autre face du désir) qui, pour celui dont l'amour a fait place à la mort, le rend encore sujet au leurre *(peuple et trompe l'absence)* : il remplit à présent l'absence d'amour par la présence de la parole (vers 227-228). (Cf. *se dit/l'autre,* vers 212.)

Le propre de l'homme réside donc dans cet acharnement à poursuivre son désir et dans ce désir d'un aboutissement à l'absolu *(songes absolus)*, mais même l'absolu *(le soleil)* qui reste à jamais en situation d'opposition avec le sujet, est sans pouvoir quant aux pertes humaines *(contre ce qui n'est plus)* (vers 229-230).

Lorsque Thanatos l'emporte sur Eros, l'ultime conclusion de la lutte entre ces deux pulsions sera l'amour de la mort (vers 231-233), par opposition à la mort dans l'amour (vers 177-193) et la mort de l'amour (vers 194-216). Il faut donc voir que même dans l'extinction finale d'Eros, il existe encore toujours une relation dialectique entre ces deux pulsions qui se jouent toujours l'une par rapport à l'autre. La présence d'Eros n'est plus qu'absence, ou plutôt présence de la douleur ou de la perte (Thanatos) de ce qui était (Eros) (vers 234, 236).

N.E. : Nous rappellerons donc que le deuxième fragment s'ouvre par une invocation à l'eau qui représente l'absolu de la *coïncidentia oppositorum* (elle change continuellement [vie] mais reste toujours la même [mort]) et s'oppose ainsi à la nature éphémère de l'amour sexuel qui *passe et périt*.

Dans le « langage » de N.E., c'est l'écriture (ou la parole) qui ne peut vivre que sa propre mort, entourée de silence, et « engloutie » finalement par elle. C'est l'écriture qui apparaît et disparaît, comme une trace momentanée sur le fond constant de la page blanche. Il faut voir que le langage est toujours vécu comme désir de dire, de se dire, et s'imprimera toujours en tant que désir, toujours dans la perte, sur la page blanche, qui elle, recueille tout, n'a rien à perdre et tout à gagner : elle manifeste le langage sans vouloir rien dire ; elle ne

« vit » pas le désir en restant toujours essentiellement ce qu'elle est : le silence, l'absolu ou la mort.

Il faudrait ici rappeler également le parallélisme qui existe entre l'amour d'objet/l'amour de soi et l'écriture « d'objet » dite « référentielle » (cf. cycle). Si l'amour de soi déplace la séparation entre les sexes vers la séparation plus « essentielle » qui divise le soi de l'image de soi (la vie de la mort), l'écriture dite « narcissique » déplacerait la division entre les signes et la « réalité », vers la division qui, à l'intérieur du signe, sépare le signifiant de son signifié.

L'écriture référentielle, ou l'amour d'objet, donnent l'illusion du possible : la reproduction du monde dans le langage, ou la fusion sexuelle par l'amour, sont « non-disjonctives », c'est-à-dire qu'elles comportent une certaine composante précisément de « jonction ». Croyant échapper à ce qu'il perçoit (et à juste titre) comme une « erreur, » puisque l'écriture référentielle ne peut avoir qu'un « effet de réel », N.E. dévoile l'illusion, mais seulement pour la placer à un niveau plus « radical » qui n'aura d'issue possible que dans la mort de l'objet ou de lui-même (ce qui revient au « même »). Le leurre du mouvement narcissique n'en devient que plus vertigineux : la non-disjonction qui relie le sujet avec lui-même étant à la fois plus « jointe » et plus « disjointe » que ne l'est toute autre relation entre un sujet désirant et un objet désiré.

Dans ce premier paragraphe, aucune référence n'est faite en surface au langage ou à l'acte d'écrire : celle-ci « se cache » derrière l'illusion référentielle (tout comme l'amour de soi est « caché » ou sous-entendu par le discours sur les « autres »). Ce paragraphe qui s'adresse à un « tu » (la fontaine), se déroule comme un récit où Eros lutte contre Thanatos, ou, « traduit » dans les termes de N.E., la parole lutte contre le silence.

Nous lisons donc, à ce niveau métaphorique ou méta-discursif qui renvoie en fin de compte à l'être matériel du langage, les diverses relations Eros/Thanatos qui deviennent la dialectique parole/silence : le silence dans la parole ou la parole vécue comme manque par rapport à soi et donc comme signe de la mort (la mort dans l'amour, vers 177-193), le silence de la parole, c'est-à-dire l'aboutissement de toute parole dans l'absolu du silence, ou le retour final de toute forme de vie dans les ténèbres de la mort (la mort de l'amour, vers 194-216), et, en fin de compte, la parole du silence ou l'expression du désir du silence : désir ultime ou renoncement final de vivre le désir autrement que dans le retour dans l'indifférencié (l'amour de la mort, vers 231-233).

237.   *Mais moi, Narcisse aimé, je ne suis curieux*
238.   *Que de ma seule essence ;*
239.   *Tout autre n'a pour moi qu'un cœur mystérieux,*

240.   *Tout autre n'est qu'absence.*
241.   *O mon bien souverain, cher corps, je n'ai que toi!*
242.   *Le plus beau des mortels ne peut chérir que soi...*
243.   *Douce et dorée, est-il une idole plus sainte,*
244.   *De toute une forêt qui se consume, ceinte,*
245.   *Et sise dans l'azur vivant par tant d'oiseaux?*
246.   *Est-il don plus divin de la faveur des eaux,*
247.   *Et d'un jour qui se meurt plus adorable usage*
248.   *Que de rendre à mes yeux l'honneur de mon visage?*
249.   *Naisse donc entre nous que la lumière unit*
250.   *De grâce et de silence un échange infini!*
251.   *Je vous salue, enfant de mon âme et de l'onde,*
252.   *Cher trésor d'un miroir qui partage le monde!*
253.   *Ma tendresse y vient boire, et s'enivre de voir*
254.   *Un désir sur soi-même essayer son pouvoir!*
255.   *O qu'à tous mes souhaits, que vous êtes semblable!*
256.   *Mais la fragilité vous fait inviolable,*
257.   *Vous n'êtes que lumière, adorable moitié*
258.   *D'une amour trop pareille à la faible amitié!*
259.   *Hélas! la nymphe même a séparé nos charmes!*
260.   *Puis-je espérer de toi que de vaines alarmes?*
261.   *Qu'ils sont doux les périls que nous pourrions choisir!*
262.   *Se surprendre soi-même et soi-même saisir,*
263.   *Nos mains s'entremêler, nos maux s'entre-détruire,*
264.   *Nos silences longtemps de leurs songes s'instruire,*
265.   *La même nuit en pleurs confondre nos yeux clos,*
266.   *Et nos bras refermés sur les mêmes sanglots*
267.   *Etreindre un même cœur, d'amour prêt à se fondre...*
268.   *Quitte enfin le silence, ose enfin me répondre,*
269.   *Bel et cruel Narcisse, inaccessible enfant,*
270.   *Tout orné de mes biens que la nymphe défend...*

Mais moi
Narcisse aimé
je ne suis curieux
Que de ma seule essence
O mon bien souverain
cher corps
je n'ai que toi
Le plus beau des mortels
ne peut chérir que soi

Tout autre n'a pour moi
qu'un cœur mystérieux
Tout autre n'est qu'
absence

/amour narcissique/

/amour d'objet/

vivant
jour

consume
meurt

/vie/

/mort/

Douce et dorée
est-il idole plus sainte
Est-il don plus divin de
la faveur des eaux
plus adorable usage
Que de rendre à mes yeux
l'honneur de mon visage

De toute une forêt qui se
consume, ceinte
Et sise dans l'azur vivant
par tant d'oiseaux
d'un jour qui se meurt

/image-absolu/

/vie/mort/

Naisse donc entre nous
que la lumière unit

De grâce et de silence
un échange infini

/N.S. + image/

/absolu/

Je vous salue
enfant de mon âme et de
l'onde
Cher trésor

d'un miroir qui partage
le monde

/non-disjonction/

/division/

Ma tendresse y vient boire	*essayer son pouvoir*
et s'enivre de voir	
Un désir sur moi-même	
/désir-vouloir/	/pouvoir/
O qu'à tous mes souhaits	*Mais la fragilité*
que vous êtes semblable	*vous fait inviolable*
adorable	*Vous n'êtes que lumière*
D'une amour	*moitié*
	trop pareille à la faible
	amitié
/désir de soi/	/division/
Hélas	*la nymphe même*
a séparé nos charmes	
/division/	/absolu/
Qu'ils sont doux	*les périls*
que nous pourrions choisir	*nos maux s'entre-détruire*
Se surprendre soi-même	*Nos silences longtemps*
soi-même saisir	*La même nuit en pleurs*
Nos mains s'entremêler	*confondre nos yeux clos*
de leurs songes s'instruire	*sur les mêmes sanglots*
nos bras refermés	*à se fondre*
Etreindre un même cœur	
d'amour prêt	
/Eros-fusion/	/Thanatos-fusion/
Quitte enfin le silence	*ose enfin me répondre*
/silence/	/langage/
Bel	*cruel*
enfant	*inaccessible*
Tout orné de mes biens	*que la nymphe défend*
/Eros/	/Thanatos/

N.S. : Si le premier long paragraphe du deuxième fragment met en jeu l'opposition Eros/Thanatos dans ses diverses relations possibles, une autre opposition est toujours entendue par celle-ci : la lutte entre Eros et Thanatos est vue en tant que problématique de l'amour d'objet hétérosexuel, par opposition à l'amour narcissique qui permettrait au sujet d'échapper à cette tension en retournant son amour sur lui-même.

En effet, ostensiblement, le sujet n'est pas « séparé » de lui-même, ce qui promettrait une auto-suffisance qui transcenderait la séparation et la mort. Mais nier la division entre les sexes et reporter son désir sur soi, n'est, nous l'avons vu à maintes reprises, que le déplacement de la barre séparatrice à un niveau plus « fondamental » : entre soi et l'absolu, ou, en fin de compte, entre la vie et la mort. Si l'amour narcissique se trouve être à la base de toute forme d'amour, on peut effectivement s'attendre à ce que toute la problématique du désir s'y pose de façon plus « essentielle ».

Ainsi, après le détour par les avatars de « l'autre », N.S. revient explicitement à soi dans le deuxième paragraphe. Il oppose l'attraction que représente le moi (vu comme idéal) au vide *(absence)* que représente l'*autre*. Seul le moi, dans sa forme idéalisée et idéale est digne d'amour, car foncièrement, en dehors du soi, rien n'existe. (Cf. la définition freudienne du narcissisme primaire où la prise de conscience du monde objectal en dehors de soi n'est pas encore accomplie.)

Nous voyons ici l'affirmation positive du mouvement narcissique : *Narcisse aimé*, aimé, car aimé de soi, soi qui en principe n'échappe pas à soi, d'où l'illusion de contrôler son désir et son destin.

Dans un cadre où se mêlent et se confrontent la vie et la mort (vers 244-245), se détache ce moi idéalisé qui, étant idéal, transcende toute opposition. Dans le *jour qui se meurt*, moment narcissique par excellence, *la lumière*, lien intangible entre N.S. et l'image, offre l'espoir de l'union avec l'absolu (vers 249-250).

N.S. proclame donc la présence de la non-disjonction que représente son image, *enfant* de lui-même *(mon âme)* et de l'absolu *(l'onde)*. L'*enfant* transcende effectivement la barre séparatrice entre les sexes en « fondant » en une unité deux êtres normalement divisés et « déplace » cette barre au niveau qui sépare l'être de l'absolu. L'eau *(miroir)* est en même temps agent de la division *(partage le monde)* et de la non-disjonction (puisqu'elle « produit » « l'enfant »). N'est-ce pas là, justement, toute la problématique posée par le stade du miroir?

La vision de l'image dans l'eau appelle le désir (de soi) qui entraîne la passion : *s'enivre de voir*. Mais entre le désir (narcissique) et le pouvoir (se rejoindre) se joue précisément le drame de N.S. (vers 254) : l'image correspond à son désir le plus profond *(semblable)* mais étant « irréelle », elle est insaisissable *(inviolable)*. L'*enfant* (non-disjonction), n'est plus que moitié (division) ne promettant aucune possibilité de fusion totale (vers 257-258).

C'est la confrontation avec l'absolu qui engendre la division (vers 259) mais qui engendre également le désir de la transcender : les vers 261-267 sont une sorte d'invocation à l'idéal de la fusion de soi avec soi ou d'Eros avec Thanatos, existant non plus dans une relation d'opposition dialectique, mais dans la fusion, l'union des contraires ou la réalisation ultime de la *coïncidentia oppositorum*.

N.S. désire « faire sortir » *(Quitte enfin)* l'image de l'absolu *(le silence)*, pour le faire « communiquer » (répondre) avec l'ordre humain (vers 268). L'image, « propriété » de l'absolu *(que la nymphe défend)*, est à la fois objet d'amour *(Bel, enfant)* et de douleur *(cruel)* car elle est fondamentalement *inaccessible* au sujet : non seulement la lutte entre Eros et Thanatos n'est pas éliminée dans ce retournement du désir sur soi, mais elle se joue, à l'intérieur même du sujet, de façon d'autant plus dramatique et déchirante.

N.E. : Si, dans le premier paragraphe, N.E. s'est détourné de la tentative de saisir un objet extérieur à lui (la réalité extérieure au langage), il revient à lui-même (à l'essence du langage) dans le deuxième paragraphe. Ne s'adressant plus à un « tu » mais à lui-même, il croit échapper à l'impossibilité de capter la réalité par le langage en essayant de se dire lui-même dans un langage qui, le « représentant », donne tous les signes d'être saisissable par lui.

Il faut voir le langage ici comme une production, un « enfantement » (cf. *enfant*, vers 251) qui « naît » de N.E. « Doublant » le stade du miroir, la problématique de l'accès au symbolique est ici posée : N.E. arrivera à se dire dans le langage (non-disjonction), mais le fait de se dire l'éloignera à jamais de la réalité de son essence (division).

Dans le leurre de ce retour à soi, N.E. espère unir les contraires, la parole et le silence (son expression avec un absolu) en une fusion totale d'où toute tension serait absente (cf. la fusion Eros/Thanatos, vers 261-267). Mais, se plaçant à l'intérieur du langage, et essayant de « recoller » le signifiant au signifié, ne lui permettra que de vivre, de façon d'autant plus aiguë, le drame de cette parole qui cherche à s'appréhender, mais qui se dérobe toujours à celui qui l'a fait naître.

Ce n'est qu'à la fin du fragment (vers 268) que nous trouvons une référence en surface au langage : *Quitte enfin le silence, Ose enfin me répondre*. Le silence et la parole, les deux pôles de l'opposition qui sous-tend toute écriture, sont ici explicitement donnés : le désir de « faire sortir » la parole du silence, de la « détacher » de l'insaisissable à laquelle elle s'acrroche dès qu'elle est proférée, n'est-ce pas là l'essence du désir de l'écrivain en quête de son langage?

3.   Fragment III

271.   ... *Ce corps si pur, sait-il qu'il me puisse séduire?*
272.   *De quelle profondeur songes-tu de m'instruire,*
273.   *Habitant de l'abîme, hôte si spécieux*
274.   *D'un ciel sombre ici-bas précipité des cieux?...*
275.   *O le frais ornement de ma triste tendance*
276.   *Qu'un sourire si proche, et plein de confidence,*
277.   *Et qui prête à ma lèvre une ombre de danger*
278.   *Jusqu'à me faire craindre un désir étranger!*
279.   *Quel souffle vient à l'onde offrir ta froide rose!...*
280.   *J'aime... J'aime!... Et qui donc peut aimer autre chose*
281.   *Que soi-même?...*
282.   *Toi seul, ô mon corps, mon cher corps,*
283.   *Je t'aime, unique objet qui me défends des morts.*

corps si pur   *me puisse séduire*

   /image-pureté/   /N.S. désir/
   ____

De quelle profondeur   *sait-il*
Habitant de l'abîme   *songes-tu de m'instruire*

   /absolu/   /connaissance/
   ____

ciel   *sombre*
cieux

   /lumière/   /ombre/
   ____

ciel sombre ici-bas   *précipité des cieux*

   /tension/   /absolu/
   ____

frais ornement   *triste tendance*

   /image/   /désir-tension/
   ____

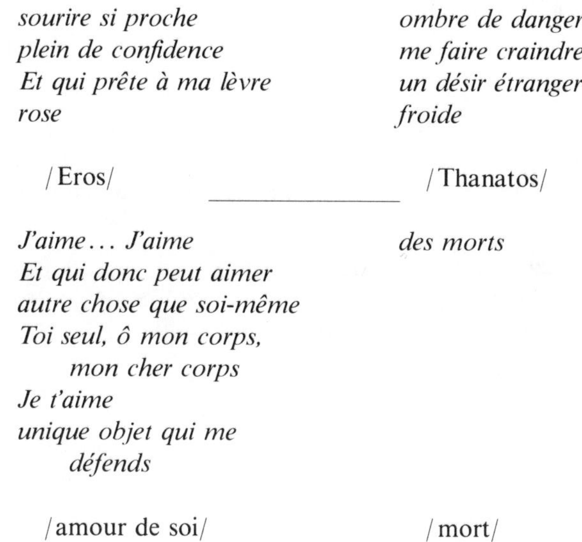

N.S. : L'image, forme de l'absolu *(si pur)* semble être incompatible avec le désir sexuel *(me séduire)*. L'absolu a-t-il la connaissance de son effet sur N.S.? L'attraction qu'exerce l'image sur lui le « tire » vers ce monde de l'absolu auquel appartient l'image. Est-ce donc pour lui « faire voir » la *profondeur*, le « vrai sens » des choses?

Les *cieux* (absolu), dès qu'ils se trouvent en contact avec le désir humain, signalent une tension *(ciel sombre)*.

L'image est forme pure *(frais ornement)* de la tension (contenu) que provoque le désir *(triste tendance)*, d'où la lutte Eros/Thanatos dans ce désir de l'image : le désir de s'unir à cet être *si proche* de soi (Eros) mais la conscience du *danger* de ce désir qui n'a de résolution possible que dans la mort (Thanatos) (écho à Fragment I, vers 138-139).

Mais Eros l'emporte sur Thanatos : dans la continuation de la vie, le désir de soi l'emporte sur le désir de mort. Sans désir (conscience) de soi, l'être se confond dans l'indifférencié (la mort). Voilà tout le paradoxe du narcissisme : c'est le désir de soi qui diffère la mort (dans l'espoir de satisfaire ce désir), mais seule la mort pourra effectivement satisfaire le désir en abolissant l'objet (et donc toute séparation d'avec le sujet) (vers 280-283).

N.E. : Le langage, réflexion de soi (forme pure), a-t-il conscience de soi? Sait-il qu'il exerce une attraction sur N.E. parce que lui seul promet l'accès (dans la conscience) à la vérité de soi (vers 271)? L'écriture cache-t-elle une connaissance profonde? La surface recèle-t-elle la profondeur (vers 272)?

La forme du langage *(frais ornement)* ne peut que manifester la tension *(triste tendance)* qui se joue dans tout être engagé dans l'ordre représentant/ aliénant du symbole.

Le désir d'accéder à la connaissance absolue (de soi) est toujours prémonition d'un *danger* (de mort), puisque toute quête de l'idéal (l'impossible) n'a de résolution possible que dans l'abolition de la quête (et donc de l'objet) (vers 275-278).

Mais dans cet éternel *double bind,* c'est le désir de soi (ici par la réflexion dans le langage), qui en fin de compte empêche la mort (du langage) : le texte continue donc à s'écrire dans cette quête perpétuelle de soi-même (vers 280-283).

284. *Formons, toi sur ma lèvre, et moi, dans mon silence,*
285. *Une prière aux dieux qu'émus de tant d'amour*
286. *Sur sa pente de pourpre ils arrêtent le jour!...*
287. *Faites, Maîtres heureux, Pères des justes fraudes,*
288. *Dites qu'une lueur de rose ou d'émeraudes*
289. *Que des songes du soir votre sceptre reprit,*
290. *Pure, et toute pareille au plus pur de l'esprit,*
291. *Attende, au sein des cieux, que tu vives et veuilles,*
292. *Près de moi, mon amour, choisir un lit de feuilles,*
293. *Sortir tremblant du flanc de la nymphe au cœur froid,*
294. *Et sans quitter mes yeux, sans cesser d'être moi,*
295. *Tendre ta forme fraîche, et cette claire écorce...*
296. *Oh! te saisir enfin!... Prendre ce calme torse*
297. *Plus pur que d'une femme et non formé de fruits...*
298. *Mais, d'une pierre simple est le temple où je suis,*
299. *Où je vis... Car je vis sur tes lèvres avares!...*
300. *O mon corps, mon cher corps, temple qui me sépares*
301. *De ma divinité, je voudrais apaiser*
302. *Votre bouche... Et bientôt, je briserais, baiser,*
303. *Ce peu qui nous défend de l'extrême existence,*
304. *Cette tremblante, frêle, et pieuse distance*
305. *Entre moi-même et l'onde, et mon âme, et les dieux!...*
306. *Adieu... Sens-tu frémir mille flottants adieux?*
307. *Bientôt va frissonner le désordre des ombres!*
308. *L'arbre aveugle vers l'arbre étend ses membres sombres,*
309. *Et cherche affreusement l'arbre qui disparaît...*
310. *Mon âme ainsi se perd dans sa propre forêt,*
311. *Où la puissance échappe à ses formes suprêmes...*
312. *L'âme, l'âme aux yeux noirs, touche aux ténèbres mêmes,*

313.   *Elle se fait immense et ne rencontre rien...*
314.   *Entre la mort et soi, quel regard est le sien!*

Formons   *toi sur ma lèvre*
                                       et moi, dans mon silence

/unité/   /division/ non-disjonction/
____

Une prière aux dieux   *que tu vives et veuilles*
qu'émus de tant d'amour   *Près de moi, mon amour*
Sur sa pente de pourpre   *choisir un lit de feuilles*
ils arrêtent le jour   *Sortir tremblant du flanc*
Faites, Maîtres heureux   *de la nymphe au cœur froid*
Pères des justes fraudes   *Et sans quitter mes yeux*
Dites qu'une lueur   *sans cesser d'être moi*
de rose ou d'émeraudes   *Tendre ta forme fraîche*
Que des songes du soir   *et cette claire écorce...*
votre sceptre reprit   *Oh! te saisir enfin!*
Pure, et toute pareille   *Prendre ce calme torse*
au plus pur de l'esprit   *Plus pur que d'une femme*
Attende, au sein des cieux   *et non formé de fruits*

/Dieux-absolu/   /image-unité/
____

toi sur ma lèvre   *moi dans mon silence*
que tu vives et veuilles   *Près de moi*
choisir un lit de feuilles   *mon amour*
Sortir tremblant du flanc   *mes yeux*
de la nymphe au cœur froid   *d'être moi*
Et sans quitter   *saisir*
sans cesser   *Prendre*
Tendre ta forme fraîche
te...enfin
ce calme torse
Plus pur que d'une femme
et non formé de fruits

/image-perfection/   /N.S.-désir/
____

Mais d'une pierre simple   *sur tes lèvres avares*
est le temple où je suis   *votre bouche*
Où je vis   *mon corps*
Car je vis   *mon cher corps*
je voudrais apaiser

   /N.S. désir/ _______________   /image/

mon corps   *de ma divinité*
mon cher corps   *de l'extrême existence*
temple qui me sépares   *et l'onde, et mon âme*
Ce peu qui nous défend   *et les dieux*
Cette tremblante, frêle
et pieuse distance
Entre moi-même

   /division/ _______________   /absolu/

Adieu...   *L'arbre aveugle vers l'arbre*
Sens-tu frémir   *étend ses membres sombres*
mille flottants adieux   *Et cherche affreusement*
Bientôt va frissonner   *l'arbre qui disparaît*
le désordre des ombres   *Mon âme ainsi se perd*
                                     dans sa propre forêt

   /mort-image/ _______________   /perte-N.S./

L'âme, l'âme aux yeux   *noirs*
Elle se fait immense   *touche aux ténèbres mêmes*
et soi   *et ne rencontre rien*
quel regard est le sien   *Entre la mort*

   /conscience/   /mort/

N.S. : N.S. tente de faire appel à l'absolu afin qu'il lui soit possible d'y rejoindre son image : il exhorte l'image de se joindre à lui dans sa *prière aux dieux*. Ce semblant d'unité *(Formons)* n'est pourtant révélateur que de la division *(moi/toi, lèvre/silence)*, mais aussi de la non-disjonction : les mouvements sur les lèvres de l'image sont le reflet des mouvements de la bouche de N.S. ; *nollens vollens* elle se joint donc à lui.

Les dieux, *Maîtres* de l'absolu, peuvent l'impossible : suspendre le temps *(arrêtent le jour)* et sont définis par la *coïncidentia oppositorum : justes fraudes.* Dans l'optique « égocentrique » de N.S., *arrêter le jour* serait une *juste fraude*, car elle lui permettrait de satisfaire son désir.

Dans un monde de pureté (vers 290), en dehors de la temporalité, N.S. espère voir s'accomplir ce qui était impossible dans l'ordre humain, c'est-à-dire l'union de soi avec soi sans perte de conscience : l'image vit *(que tu vives)*, elle s'offre à lui (vers 293-295), et il peut la *saisir* (vers 296) dans la pleine conscience de son acte *(Et sans quitter mes yeux)* et dans cette relation d'altérité/identité *(sans cesser d'être moi)* qui définit l'état narcissique.

Le désir de soi (d'un absolu) est *plus pur* que le désir de l'autre sexe *(que d'une femme)* car, étant auto-sexuel il est fondamentalement asexuel, donc en dehors du cycle de la reproduction *(non formé de fruits)*. On voit, dans ce mouvement foncièrement asocial, la cause des connotations communément négatives associées à l'amour de soi.

Espoir de l'accomplissement de l'impossible, *mais* la séparation existe et elle s'impose : après cette luxure dans le plaisir quasi onirique de l'union désirée, la réalité intervient, reprend ses droits, et replace N.S. dans sa position du désir, séparé de l'objet (d'ailleurs immédiatement sous-entendue dans la relation *moi/toi* des vers 291-297).

Cette position est tragiquement réduite *(pierre simple)* par rapport aux espoirs d'absolu *(temple)*. Le désir de N.S. est bien alimenté par l'image mais non satisfait par elle *(lèvres avares)*. Il ne reste toujours qu'avec son désir de transcender *(apaiser, briserais)* la barre séparatrice par son amour de l'image ou de lui-même *(mon corps, mon cher corps, votre bouche, baiser)*.

C'est l'image du corps *(O mon corps, mon cher corps)* qui représente cette barre *(temple qui me sépares)*, ou plutôt, c'est la prise de conscience de l'image du corps qui l'institue. La prise de conscience ou l'image devient donc l'obstacle (vers 303-304) entre le soi *(moi-même)* et l'image (dans l'*onde*) de soi *(mon âme)* ou l'absolu *(les dieux, ma divinité, l'extrême existence)*.

Le désir de soi (et l'assouvissement de ce désir) n'appelle en fin de compte que la mort ou l'abolition du désir. La nuit survient (vers 307) et l'image va disparaître (vers 306). Sans l'image du double, *l'arbre* cherche *l'arbre* (vers 308) comme le soi cherche le soi (vers 310). Ayant perdu l'image, N.S. sent qu'il *se perd*, qu'il ne pourra plus se voir ni tenter de s'appréhender. Son pouvoir *(puissance)* faiblement humain, *échappe* au pouvoir qui permettrait l'accès à l'absolu *(ses formes suprêmes)*.

Encore une fois « l'erreur » de Narcisse : ce n'est que dans la nuit (la mort) que la distance sujet/objet sera abolie et que l'unité fondamentale de soi avec soi sera finalement restaurée.

L'âme aux yeux noirs, aux yeux qui ne voient pas, ou aux yeux qui ne voient que la mort, sont le signe d'une conscience impuissante, qui ne fait que donner conscience sans jamais donner l'objet. Elle voit tout *(se fait immense)*, même la mort *(touche aux ténèbres mêmes)* sans véritablement rien toucher *(ne rencontre rien)*, et ne reste finalement que comme obstacle entre la mort (la résolution de la division créée par la conscience) et l'appréhension de l'objet chassé par la conscience : le soi (vers 314).

N.E. : La représentation de N.E. (son langage ou son écriture) est un « reflet » (forme) de la pensée ; ici, reflet d'absence de langage : son *silence*. La forme du silence *(sur ma lèvre)* serait la représentation d'un absolu de langage, une *coïncidentia oppositorum* qui ne peut exister que dans l'ordre absolu des *dieux*, des réalisations des impossibles *(arrêtent le jour, justes fraudes)*.

C'est en parlant aux dieux que N.E. trouve l'espoir de pénétrer dans cet ordre où il y aurait coïncidence absolue *(Formons)* entre la pensée et la forme qui la véhicule. Dans cet ordre absolu, il serait donc possible de saisir le signifiant, sans briser sa relation avec le signifié (vers 284), i.e. rejoindre ce qui est séparé, divisé par la conscience, tout en maintenant la conscience de cette division (vers 294).

Cette appréhension du langage en tant que tel est la forme la plus « authentique » *(pure)* d'une saisie de la « vérité » (de soi), par opposition à la recherche et la découverte d'un mode extérieur à soi et non « issu » de soi (vers 297).

Mais, la position de N.E. est précaire : son pouvoir d'expression est limité par les moyens (limités) que lui donne le langage pour véhiculer la pensée ; cependant, il ne vit (n'existe), qu'à travers cette possibilité (si pauvre soit-elle) de s'exprimer (vers 298-299).

Le langage, « corps » ou lieu « tangible » de soi, « plastifie » l'essence de soi en « autre chose », lui donne une forme, une expression, mais aussi une prison. Afin d'arriver à un « retour à soi », i.e. à la « vérité » de soi ou à un absolu *(l'extrême existence)*, il faudrait abolir *(briserais)* cette forme représentante mais aliénante de soi (vers 300-305).

Nous pouvons voir ici l'explication concrète des textes de la modernité qui cherchent à déconstruire l'ordre symbolique (socialisé, légiféré) afin de « laisser parler » l'expression « primaire » du sujet sémiotisé. (cf. la relation entre le « sémiotique » et le « symbolique » telle qu'elle est expliquée par Julia Kristeva dans *La révolution du langage poétique,* pp. 17-100.)

Nous savons également que le langage, non seulement « déforme » la pensée en lui donnant une forme, mais exclut fondamentalement l'être qui y est représenté. Cette absence est ici manifestée par la disparition immanente de la forme (l'image) (vers 306). Le soi va échapper à soi dans cette double perte ou impuissance.

La recherche (conscience) de soi est comme la conscience d'une absence *(yeux noirs)*, car l'expression de cette conscience ne peut rester qu'expression ou médiation, et ne devient jamais mode d'appréhension concrète de l'objet (vers 312-313). Mais en tant que médiation, ce regard (vers soi-même) représente toujours un obstacle (ou un salut) entre la mort finale du langage et le soi (vers 314).

315.   *Dieux! de l'auguste jour, le pâle et tendre reste*
316.   *Va des jours consumés joindre le sort funeste ;*
317.   *Il s'abîme aux enfers du profond souvenir!*
318.   *Hélas! corps misérable, il est temps de s'unir…*
319.   *Penche-toi… Baise-toi. Tremble de tout ton être!*
320.   *L'insaisissable amour que tu me vins promettre*
321.   *Passe, et dans un frisson, brise Narcisse, et fuit…*

de l'auguste jour	*consumés*
le pâle et tendre reste	*rejoindre le sort funeste*
Va des jours	*Il s'abîme aux enfers*
	du profond souvenir
/jour-vie/	/nuit-mort/

Hélas! corps misérable	*il est temps de s'unir*
Tremble de tout ton être	*Penche-toi*
L'insaisissable amour	*Baise-toi*
Passe	*que tu me vins promettre*
brise Narcisse	
et fuit	
/division/	/unité/

N.S. : Le jour, qui permet la prise de conscience de l'objet, est sur le point de devenir la nuit, qui élimine la conscience de (et) l'objet. Dans cette dernière lueur *(le pâle et tendre reste)* avant la nuit, il reste encore à N.S. une dernière lueur d'espoir pour rejoindre son image *(il est temps de s'unir)*.

Mais l'image du corps propre, signe d'un *amour insaisissable*, n'est que l'annonce d'une défaite inévitable *(corps misérable)*, et, symbole de son inaccessibilité fondamentale, l'image disparaît. N.S. se voit alors comme *brisé*, coupé de son autre moi, et donc incapable de jamais satisfaire son désir.

Paradoxalement, c'est lorsqu'il est définitivement coupé, scindé de l'image (de la perception de son corps en tant qu'objet), et que le désir de soi n'est plus opératoire, qu'une unité sera restituée au sujet avec lui-même.

Contrairement à la résolution du mythe ovidien, ici, Narcisse ne meurt pas explicitement. Mais dans la profondeur du texte, le résultat est le même, car s'il n'y a plus d'objet, il n'y a plus de désir, et, fondamentalement, plus de sujet. Car ce qu'il faut surtout voir, c'est que la disparition de l'image brise le cycle, ou, si l'on veut, « fait sortir » N.S. du cycle en causant la cessation (en faisant « mourir ») la problématique du désir (vie).

N.E. : La conscience (langage) va rejoindre le régime de l'inconscience (silence) : mais dans un dernier frisson d'existence, un dernier frisson de texte (vers 315-316). La forme va disparaître, scinder le signifiant de son signifié. Or, le signifié ne peut exister sans relation au signifiant, et c'est tout le langage (le texte) qui va basculer dans le silence. Tout comme Narcisse brisé = Narcisse mort, le langage brisé = la mort du texte.

Dans le mouvement narcissique, lorsque l'objet du désir disparaît, le cycle est rompu : ce qui était recherche constante et vaine dans l'impossible trouve à présent sa résolution, qui est plutôt un renoncement, dans la mort de l'objet, du sujet et du désir.

4.   Le fragment : une méta-lecture

Dans notre lecture, nous avons en quelque sorte constamment « fragmenté » le texte à l'intérieur des trois différents *Fragments* qui nous sont donnés par le texte. En effet, chaque paragraphe (d'un blanc à l'autre) est un fragment, et finalement toute filière d'oppositions récupérées par le cycle représente un fragment de la problématique narcissique qui articule le texte.

On peut dire que chaque fragment (à quelque niveau qu'il se place) actualise un fragment (aspect) du cycle en ce qu'il n'est récupérable qu'à l'intérieur de la logique du cycle qui en reste toujours la motivation et l'aboutissement.

Afin d'invertir le mouvement d'enfouissement qui a caractérisé notre démarche jusqu'ici, tentons à présent, dans un mouvement globalisant, de reprendre les trois fragments et de les examiner l'un par rapport à l'autre et par rapport au statut du texte en tant que phénomène scriptural.

Le schéma qui se dessine serait autant de fragments « mineurs » récupérés dans les trois fragments « majeurs », ces trois fragments étant récupérés dans le fragment globalisant qu'est le texte. Dans cet univers fragmenté, tout se tient, grâce à l'insertion constante et à chaque niveau dans la logique du cycle, sans qu'il y ait pour autant de véritable résolution à l'intérieur du système. Nous voulons dire par ceci que dans cette boucle qui cherche constamment à se boucler, il n'y a jamais de fermeture totale : la pulsion de vie, le désir de soi, ne trouve pas de résolution dans l'appréhension finale de soi, mais dans le renoncement à soi qu'est la mort.

Ainsi, plutôt que des cercles concentriques, qui présupposeraient la fermeture de la boucle, le texte narcissique se construirait comme une spirale toujours grossissante, englobant les différents fragments du texte. Cette *répétition sans résolution* caractérise précisément le texte narcissique qui n'est jamais que l'expression d'une recherche vaine, d'une course impossible vers soi, qui ne peut s'accomplir que dans la perte, le manque, la division, et fondamentalement dans l'impuissance.

En examinant « du haut » le premier fragment, on s'aperçoit que les oppositions gravitent autour d'un axe central, qui est véritablement l'axe central du cycle : le stade du miroir à proprement parler, ou la découverte de soi, c'est-à-dire le sujet/l'image ou la nature, et la tension vie/mort qui s'en suit. Ce premier fragment du texte est relativement plus « fragmenté » que les deux autres : déchiré entre le désir de s'écrire (le désir de soi) et le désir de se taire (le retour dans l'indifférencié), le texte continue à s'écrire, mais sombre périodiquement dans le silence.

Le premier vers ouvre le texte en posant immédiatement la tension que représente la problématique du trajet du désir (vie) jusqu'à l'abolition du désir dans l'absolu (mort). Les deux pôles sont ainsi posés, et c'est à l'intérieur de ce paramètre que va se dérouler le texte.

Quant à la fin du premier fragment, il se termine par une extase narcissique où l'amour de soi est exalté comme instance unique et suprême de toute forme d'amour : le désir de soi (vie) l'emporte et le deuxième fragment commence à s'écrire.

Dans le deuxième fragment, nous avons vu qu'il s'opère un « détour » par l'amour d'objet (premier paragraphe) pour revenir en fin de compte à soi (deuxième paragraphe). Cette opposition amour d'objet/amour de soi est en quelque sorte « périphérique » à l'axe central du cycle tout en s'y ramenant : l'amour d'objet est pour ainsi dire « secondaire » à l'amour narcissique tout en le présupposant.

Ce fragment parle de quelque chose d'autre, d'extérieur à soi (cf. le texte référentiel). Il s'y déroule comme une « histoire d'amour », avec ses délices et ses avatars. Nous avons vu que toutes les variantes de la dialectique Eros/Thanatos sont actualisées dans ce fragment. Dans l'amour d'objet, il y a comme une expression concrète et simultanée du rapport entre ces deux pulsions, caractérisée par la présence de la composante sadique dans l'amour sexuel.

Dans l'amour de soi, cette dialectique prend des formes plus « absolues » : la perpétuation du désir (de soi) dans la vie, ou l'abolition du désir dans la mort. On peut donc « parler » de l'amour d'objet sans menace de silence (d'où la qualité « récit » du premier paragraphe), alors que parler du désir de soi mène inévitablement à la possibilité de l'extinction de soi (et du texte), comme on le voit dans le premier fragment « fragmenté ».

Le deuxième fragment se termine par un retour à soi, une affirmation du désir narcissique, bien que la passion devienne déjà passion inquiète, passion qui contient en elle-même sa propre mort. Mais le désir persiste et le texte reprend...

Le troisième fragment est plus fragmenté que le deuxième, mais moins que le premier. Après une réaffirmation de l'attraction fatale et de l'enchaînement de soi à soi, il s'y manifeste une sorte de « cri » final où se joue le drame ultime : l'expression de l'apothéose du désir d'absolu (de rejoindre le soi avec soi) qui énonce aussitôt l'impossibilité de cette démarche et rechute dans l'absence (l'abolition de l'objet et donc du désir) ou la mort de toute expression. Après ce court-circuit à travers le cycle, l'expulsion hors du cycle : sans objet et sans désir, le texte ne peut plus qu'énoncer sa propre disparition et basculer définitivement dans le silence.

Si l'on regarde de près le mouvement du texte dans son entièreté, à partir du premier vers (l'énonciation du cycle) jusqu'au dernier (le passage hors-cycle), on voit que la fin n'est que le résultat du déroulement logique de ce qui était énoncé au début. En effet, le premier vers établit la dialectique qui fonde le cycle du désir, mais établit en même temps l'impuissance de ce désir, puisque le retour à soi ne s'accomplira pas dans les mêmes « termes » dans lesquels ce désir a été énoncé, mais seulement dans un renoncement à ce désir, ou dans le silence de la mort.

Ainsi, l'arrivée au *terme pur de ma course* sera effectivement l'arrivée au silence, à la mort, à l'expulsion hors du cycle, c'est-à-dire à la fin du texte où le terme brille par son absence. Mais pour arriver au *terme pur* (mort) qui brillait dès le début, il aura fallu passer par le trajet de l'écriture (vie), trajet qui lui-même représente une tension continuelle entre ces deux pulsions. Rappelons ici la postulation de Freud selon laquelle toute vie (et nous ajouterons tout texte) ne serait qu'une lutte et un compromis entre ces deux tendances.

Ainsi le texte s'écrit et existe, mais toujours comme l'expression d'un manque à être : il se cherche en s'énonçant, mais ne se trouve que dans la mort de toute expression. Même vu dans son ensemble, le texte reste donc un tout fragmenté, fragment d'existence, fragment de texte, qui s'affirme à chaque moment en tant que tel, mais toujours dans la division, dans une parole jamais « pleine », qui ne fait que dire son désir de « recoller » les fragments de soi avec soi, ou, pour employer les termes de Valéry, du son avec le sens, qui reste, d'après lui, le but ultime de toute écriture.

CONCLUSION

On peut conclure à présent, à la lumière du parcours que nous venons d'effectuer, que le texte narcissique trouve ses variantes particulières dans le choix et l'agencement des déguisements et des travestissements de sa structure profonde (à l'intérieur du même texte, et, risquons l'hypothèse, d'un texte à un autre), mais non dans l'essence même de cette structure qui en demeure sa « constante ».

La lecture du texte narcissique nous a effectivement mené à retracer continuellement et vertigineusement les répétitions hallucinantes du cycle : le cycle, signe d'un impossible, ne peut être que répété, puisqu'il ne peut jamais marquer une résolution. Le retraçage du cycle n'est finalement que retraçage d'un manque, d'un vide, de la brèche qui donne naissance au mouvement même de la recherche.

Cette répétition constante d'un même conflit, d'une même « histoire », rend ce texte éminemment « réversible » (on peut y « entrer » à n'importe quel point pour se retrouver en fin de compte à la même place) ce qui, d'après Barthes, constitue le propre du texte scriptible.

Le lecteur à la recherche de son sens, est à la fois actif et passif : actif en ce qu'il réécrit constamment cette structure narcissique du texte ; passif, en ce qu'il ne fait finalement que *recevoir* cette structure qui préexiste en lui. « Pris » dans cet incessant jeu de miroirs, et réinscrivant à chaque moment son propre texte, le sujet de la lecture rejoint effectivement le sujet de l'écriture (N.E.) à travers le texte, pour en devenir à son tour le *scripteur*.

Il faut voir que le texte se trouve entre les deux sujets : il les divise en même temps qu'il les unit. Le texte, comme le miroir, scinde le sujet en deux (écrivain/lecteur) tout en le reliant à lui-même (scripteur). C'est d'ailleurs en ceci que consiste véritablement le sens barthésien de « scripteur » : lecteur et écrivain à la fois, il représente l'union des contraires, la *coïncidentia oppositorum* qui transcende la barre séparatrice du texte. Par le biais du miroir qu'est le texte, le lecteur (se) reconnaît (comme) N.E.

Narcisse devient ainsi scripteur : le sujet divisé qui se reconnaît et qui tente de s'appréhender par cette reconnaissance. Le sujet lit son propre texte, son propre narcissisme, mais par le biais d'une médiation constituée par le texte. Tel le miroir, le texte reflète le sujet : le miroir ne voit pas, il donne à voir, tout comme le texte donne à lire ou à écrire. Il y a là toujours illusion, le sujet poursuivant toujours un objet qui est par définition ailleurs, déplacé, et existant donc toujours en tant qu'aliénation ou perte par rapport à la conscience qui cherche à percevoir l'objet. Le scripteur, ne sortant jamais du cycle de soi, se récupère dans sa lecture/écriture, mais toujours dans le manque, qui reste, en définitive, le signe irrévocable de tout mouvement narcissique.

Ainsi, notre lecture du texte de Valéry nous a mené à examiner le problème essentiel de la réception du texte moderne, texte de la rupture, qui, s'il est crise de la représentation, entraîne avec lui une crise de la réception ou de la lisibilité. La question du « vouloir dire », loin de devoir être éliminée face à l'incompréhensibilité du texte moderne, ne doit être, finalement, que doublement posée. Car le symbole, faussant par nature le sens qu'il recouvre, devient double distorsion lorsque l'ordre même du Symbolique est subverti. La question qui se pose dès lors est comment reconstruire un sens à partir de ce qui, pour parler en termes kristéviens, est subversion du symbolique ou irruption du sémiotique, signe d'une manifestation individuelle non soumise à l'ordre des échanges sociaux.

Au début de ce travail, nous avons signalé que le lecteur, face au texte scriptible (illisible), demande que le texte lui parle de lui-même (du texte et/ou du lecteur) s'il ne lui parle pas du monde, et que s'il n'y reconnaît aucun sens, il n'aura d'autre choix que d'abandonner la lecture . Cette simple alternative pose en fait la question fondamentale : en quoi réside le plaisir de la lecture, ou « le plaisir du texte »? Il ne suffit pas de montrer comment le lecteur lit, il faut encore voir ce que sa lecture lui apporte et en quoi elle lui *importe*.

Pour Crouzet (1970), « [l]'étude de l'œuvre de culture est inséparable de ce *plaisir* en quoi se résume le bénéfice de la culture », et, « [s]e plaçant 'aux racines des signes humains', ... la psychanalyse est vouée à défricher la culture... dans les perspectives d'une économie du plaisir et des conflits de la psyché... » (pp. 892, 891).

Or, Barthes (1973), dans *Le Plaisir du texte*, oppose le texte lisible/scriptible précisément en termes d'une économie du plaisir :

> Texte de plaisir : celui qui contente, emplit, donne de l'euphorie ; celui qui vient de la culture, ne rompt pas avec elle, est lié à une pratique *confortable* de la lecture. Texte de jouissance : celui qui

met en état de perte, celui qui déconforte (peut-être jusqu'à un certain ennui), fait vaciller les assises historiques, culturelles, psychologiques, du lecteur, la consistance de ses goûts, de ses valeurs et des ses souvenirs, met en crise son rapport au langage. (pp. 25-6.)

Plus loin il poursuit :

Voici d'ailleurs, venu de la psychanalyse, un moyen indirect de fonder l'opposition du texte de plaisir et du texte de jouissance : le plaisir est dicible, la jouissance ne l'est pas.

La jouissance est in-dicible, inter-dite. Je renvoie à Lacan (« Ce à quoi il faut se tenir, c'est que la jouissance est interdite à qui parle, comme tel, ou encore qu'elle ne puisse être dite qu'entre les lignes... ») et à Leclaire (« ... celui qui dit, par son dit, s'interdit la jouissance, ou corrélativement, celui qui jouit fait toute lettre — et tout dit possible — s'évanouir dans l'absolu de l'annulation qu'il célèbre »). (pp. 36-7.)

La jouissance, qui suggère un comble, ne peut effectivement être qu'un vide, puisqu'elle présuppose la fusion (des corps, de soi avec soi ou du langage avec lui-même) qui ne peut s'accomplir que dans l'absence de toute manifestation du désir : la jouissance ne peut donc exister qu' « entre les lignes », c'est-à-dire là où le langage n'est pas.

Avec l'écrivain de jouissance (et son lecteur) commence le texte intenable, le texte impossible. Ce texte est hors-plaisir, hors-critique, *sauf à être atteint par un autre texte de jouissance* : vous ne pouvez parler « sur » un tel texte, vous pouvez seulement parler « en » lui, *à sa manière*, entrer dans un plagiat éperdu, affirmer hystériquement le vide de jouissance (et non plus répéter obsessionnellement la lettre du plaisir). (pp. 37-8.)

« Parler sur » présuppose un mode d'appréhension de l'objet par le langage, un mouvement vers l'extérieur, une vraie « connaissance ». Lorsqu'un texte recouvre la brèche dans l'illusion d'une parole pleine, un autre discours, prétendant saisir l'objet par le langage, peut également avoir (et donner) l'illusion de combler la brèche et de rejoindre l'objet.

Mais lorsqu'un texte affirme la brèche, et, dans un perpétuel retour sur soi, ne fait que la confirmer, on ne peut plus que retracer *à l'intérieur du texte*, dans un acte de reconnaissance plutôt que de connaissance, le mouvement du langage (du sujet) à la recherche de lui-même. Projet fondé, nous l'avons vu, dans l'impossible, ou du moins dans le paradoxe : nous n'avons pas saisi la lettre même du texte, nous n'avons pu rejoindre que la *conscience* de ce qui l'a fait texte : le vide, la brèche qui est inhérente à toute représentation de l'homme par lui-même.

Le texte de Valéry, qui fait miroiter le narcissisme de toutes ses facettes, et qui donne à voir de façon saisissante la « connaissance consciente » qui définit l'homme en tant que tel, a cependant surtout été considéré jusqu'ici texte de plaisir, alors qu'il est pleinement, nous espérons l'avoir démontré, texte de jouissance.

Afin de saisir le sens du texte de jouissance, il faut s'insérer dans la pensée qui le fonde, et non seulement déterminer, examiner ou analyser les épiphénomènes qui en résultent. C'est là que la linguistique a manqué son objet : l'objet de la lecture du texte de jouissance ne peut être que la lecture du manque du langage à être soi.

Nous pouvons voir à présent à quel point les concepts lacaniens ont aidé à « ouvrir » ce texte, et, de façon parallèle, à quel point ce texte est une incarnation des fondements de la théorie de Lacan.

Avant de terminer, revenons cependant encore à Freud, qui a donné l'impulsion peut-être plus que tout autre, à cette modernité dont nous faisons état dans notre travail. Ainsi, au départ, Freud avait expliqué le phénomène du plaisir en art de la façon suivante : «[O]ur actual enjoyment of an imaginative work proceeds from a liberation of tensions in our minds» (*S.E.*, IX, 153). Cette « libération » proviendrait d'une reconnaissance dans l'œuvre d'art de nos propres fantasmes qui nous permettrait de les penser « without reproach or shame », c'est-à-dire de les laisser accéder à la conscience ou de les délivrer de leur état de refoulement. (Dans le sens freudien, le symbole est travestissement et déguisement : il est chargé d'exprimer ce qui a été refoulé par la censure.)

Or, si nous nous replaçons dans notre paramètre surface/profondeur, nous pouvons dire que dans le texte narcissique, le cycle narcissique est « refoulé » ou « couvert » d'images et de dessins, et demande au lecteur un travail de décryptage, littéralement un *working through* afin d'accéder à ce lieu de « vérité » cachée — vérité qui n'est ici qu'un vide, mais que le lecteur reconnaît comme étant sienne. Très simplement, reconnaître le narcissisme dans le texte, permet au lecteur de jouir de son propre narcissisme.

Freud a étendu ce concept à toute création littéraire : selon lui, ce qui est finalement l'inscription et la reconnaissance du narcissisme pris dans son sens le plus « populaire », « His Majesty the Ego », serait la source primaire du plaisir de l'écriture et de la lecture (*ibid*., p. 150). De même pour André Green (1970),

> L'objet d'art vise à s'offrir comme une construction dont l'effet doit
> être de constituer un *double narcissique* du créateur. En lui doit se
> trouver la perfection à laquelle aspire le narcissisme… Ce pro-
> gramme est réalisé par la fabrication de cet objet de médiation —
> dont la réussite sera assurée s'il parvient à créer la même impression
> chez le consommateur de l'œuvre. C'est en quoi nous proposons
> d'appeler l'objet d'art un objet *transnarcissique*. (p. 32.)

Dans la théorie freudienne, la notion du plaisir par le biais de l'art est
inséparable de la notion de *sublimation*. Dans son sens le plus général, la
sublimation est un processus par lequel s'opère la substitution d'un but sexuel à
un but non sexuel, qui permettrait de satisfaire la pulsion en évitant la censure.
Toute entreprise sociale ou culturelle proviendrait de cette « déviation » (*S.E.*,
VII, 178).

Crouzet (1970) écrit que le plaisir en art dérive de « la résolution symbolique, irrémédiablement symbolique, des conflits » (p. 892). Symbolique, que
nous pouvons comprendre dans le sens de « substitut » ou de ce qui est fondamentalement la « fonction » symbolique. Or, pour Ricœur (1965), la sublimation
serait la « fonction symbolique elle-même, en tant que coïncident en elle le
dévoilement et le déguisement » (p. 479). C'est en étant le « contraire » du
refoulement qu'elle dévoile, mais en étant substitution qu'elle déguise. Ainsi on
peut dire qu'écrivain et lecteur, pris dans la même articulation du désir, opèrent
la « résolution » de ce désir par le truchement d'une même « ruse » de substitution
qui est celle du langage.

Cette substitution d'un but originellement sexuel, implique que le plaisir
qui entre en jeu (par rapport à la production et à la consommation du texte)
est lui-même désexualisé ou essentiellement narcissique. Freud a d'ailleurs établi
le lien entre la sublimation et le narcissisme : « Indeed, the question arises, and
deserves careful consideration,… whether all sublimation does not take place
through the mediation of the ego, which begins by changing sexual object-libido
into narcissistic libido and… goes on to give it another aim » (*S.E.*, XIX, 30).

Nous avons essayé de montrer que la reconnaissance de la structure narcissique assurait le plaisir du texte narcissique ; Freud prétend que la présence du
narcissisme est déterminante dans le plaisir dérivé de tout procès d'écriture et
de toute lecture. Nous voyons à présent que le narcissisme se présente lui-même,
par le biais de la sublimation, comme sous-tendant le plaisir éprouvé à travers
toute création artistique.

Dans cette sublimation ou substitution, il y a donc retour vers soi, mais en
même temps et de nouveau, perte du but visé. Le plaisir du texte, ainsi que son
langage, ainsi que le sujet qui s'inscrit dans ce langage, ne peut se constituer

que dans la perte de l'objet, parce que l'homme ne peut se concevoir autrement que dans le manque à être soi.

Nous pouvons conclure que toute instance de ce qu'on peut appeler le narcissisme n'apparaît pas comme un cas particulier d'amour, de langage ni même de plaisir du texte, mais se présente plutôt comme une représentation de cette brèche qui définit de façon générale toute modalité du désir humain.

Nous serions peut-être justifiés, dès lors, de nous demander si les problèmes posés par « Fragments du Narcisse » dans le sens où nous l'avons étudié, ne s'étendent pas finalement à tout texte littéraire, celui-ci nous ayant permis d'examiner de façon particulièrement concentrée la problématique essentielle de la présence du sujet à l'intérieur de sa propre représentation dans le langage.

Le complexe narcissique instauré et mis en mouvement par le processus de cette représentation aliénante devrait pouvoir se retrouver, voilé à différents degrés, et sous une variété infinie de formes, dans toute manifestation de l'acte d'écriture et/ou de lecture.

Que les implications d'une étude fondée sur le narcissisme puissent s'étendre au-delà des limites qu'elle s'est elle-même imposées, n'a en fin de compte rien de suprenant, si, comme l'écrit Herman Melville (1956) dans *Moby-Dick* : «[The image of Narcissus] is the image of the ungraspable phantom of life ; and this is the key to it all» (p. 24).

Bibliographie

Vu l'impossibilité d'établir une bibliographie exhaustive qui recouvrirait tous les aspects de notre sujet, nous proposons ici une liste des ouvrages qui ont directement servi dans l'élaboration de ce travail.

Albouy, Pierre (1969). *Mythes et mythologies dans la littérature française,* Armand Colin, Paris.

Backès-Clément, Catherine (1971). La stratégie du langage. *Littérature,* 3, 11-29.

Barthes, Roland (1953). *Le Degré zéro de l'écriture,* Seuil, Paris.

(1964). *Essais critiques,* Seuil, Paris.

(1966). *Critique et vérité,* Seuil, Paris.

(1968). L'effet de réel. *Communications,* 11, 84-9.

(1970a). *S/Z,* Seuil, Paris.

(1970b). Ce que j'ai tenté? Ecrire une lecture. *Figaro Littéraire,* 1242, 9-15 mars, 21-2.

(1973). *Le Plaisir du texte,* Seuil, Paris.

Bastet, Ned, *et al.* (1971). *Paul Valéry contemporain,* Klincksieck, Paris.

Bellemin-Noël, Jean (1970). En marge des premiers « Narcisse » de Valéry, *Revue d'Histoire Littéraire de la France,* 70, 975-91.

(1972). Le narcissisme des Narcisse (Valéry), *Littérature,* 6, 33-55.

Bellemin-Noël, Jean, éd. (1971). *Les Critiques de notre temps et Valéry,* Garnier, Paris.

Bellour, Raymond (1970). S/Z et (ou) l'empire des signes, *Les Lettres Françaises,* 1335, 20 mai, 3-7.

Benveniste, Emile (1966). *Problèmes de linguistique générale,* Gallimard, Paris.

Berge, André, *et al.* (1968). *Entretiens sur l'art et la psychanalyse,* Actes du Colloque du Centre Culturel de Cerisy-la-Salle. Mouton, La Haye, Paris.

Bernal, Olga (1969). *Langage et fiction dans le roman de Beckett,* Gallimard, Paris.

Blanchot, Maurice (1943). *Faux pas,* Gallimard, Paris.

(1949). *La Part du feu,* Gallimard, Paris.

(1955). *L'Espace littéraire,* Gallimard, Paris.

Brown, Norman (1959). *Life against Death,* Wesleyan University Press, Middletown, Conn.

Cassirer, Ernst (1970). *The Philosophy of Symbolic Form,* trans. Ralph Manheim, preface and introduction by Charles W. Hendel, Yale University Press, New Haven.

Chasseguet-Smirgel, Jeanine (1971). *Pour une psychanalyse de l'art et de la créativité,* Payot, Paris.

Chevalier, Jean, et Alain Gheerbrant (1973). *Dictionnaire des symboles,* Seghers, Paris.

Chomsky, Noam (1957). *Syntactic Structures,* Mouton, The Hague.

(1968). *Language and Mind,* Harcourt, Brace & World, New York.

Clancier, Anne (1973). *Psychanalyse et critique littéraire,* Privat, Toulouse.

Crouzet, Michel (1970). Psychanalyse et culture littéraire, *Revue d'Histoire Littéraire de la France,* 70, 884-917.

Décaudin, Michel (1956). Narcisse : une sorte d'autobiographie poétique, *Information Littéraire,* 49-55.

Delas, Daniel, et Jacques Filliolet (1973). *Linguistique et poétique,* Larousse, Paris.

Doubrovsky, Serge (1966). *Pourquoi la nouvelle critique?,* Mercure de France.

Ducrot, Oswald, *et al.* (1968). *Qu'est-ce que le structuralisme?,* Seuil, Paris.

Ducrot, Oswald, et Tzvetan Todorov (1972). *Dictionnaire encyclopédique des sciences du langage,* Seuil, Paris.

Durand, Gilbert (1968). *L'Imagination symbolique,* Presses Universitaires de France, Paris.

(1969). *Les Structures anthropologiques de l'imaginaire.* Bordas, Paris.

Eco, Umberto (1970). Le problème de la réception, *Critique sociologique et critique psychanalytique,* Editions de l'Institut de Sociologie, Bruxelles, 13-18.

Eliade, Mircea (1962). *Méphistophelès et androgyne,* Gallimard, Paris.

(1963). *Aspects du mythe,* Gallimard, Paris.

Foucault, Michel (1966). *Les Mots et les choses,* Gallimard, Paris.

Freud, Sigmund (153). *The Standard Edition of the Complete Psychological Works of Sigmund Freud,* 24 vols. Hogarth Press and the Institute of Psychoanalysis, London.
Beyond the Pleasure Principle, XVIII, 3-64.
Civilization and Its Discontent, XXI, 52-145.
Creative Writers and Day-Dreaming, IX, 142-53.
The Ego and the Id, XIX, 3-68.
The Libido Theory and Narcissism, *Introductory Lectures on Psycho-Analysis,* part III, XVI, 412-30.
Mourning and Melancholia, XIV, 237-60.
On Narcissism : An Introduction, XIV, 67-102.
Three Essays on the Theory of Sexuality, VII, 125-243.

Gary-Prieur, Marie-Noëlle (1971). La notion de connotation(s), *Littérature,* 4, 96-107.

Genette, Gérard (1966). *Figures I,* Seuil, Paris.

(1969). *Figures II,* Seuil, Paris.

Green, André (1969). *Un Œil en trop : le complexe d'Œdipe dans la tragédie,* Minuit, Paris.

(1970). L'interprétation psychanalytique des productions culturelles et des œuvres d'art, *Critique sociologique et critique psychanalytique,* Editions de l'Institut de Sociologie, Bruxelles, 19-36.

Guiraud, Paul (1953). *Langage et versification d'après l'œuvre de Paul Valéry,* Klincksieck, Paris.

Gusdorf, Georges (1959). *Mythe et métaphysique,* Flammarion, Paris.

Hytier, Jean (1953). *La Poétique de Valéry,* Armand Colin, Paris.

Ince, Walter N. (1961). *The Poetic Theory of Paul Valéry : Inspiration and Technique,* Leicester University Press, Leicester.

Jakobson, Roman (1963). *Essais de linguistique générale,* Minuit, Paris.

(1973). *Questions de poétique,* Seuil, Paris.

Jung, Carl G. (1928). *Contributions to Analytical Psychology.* Routledge and Kegan Paul, London.

(1953). *The Structure and Dynamics of the Psyche, Collected Works,* Vol. VIII, Pantheon Books, New York.

Kristeva, Julia (1969). *Semeiotikè ; recherches pour une sémanalyse,* Seuil, Paris.

(1974a). Four Types of Signifying Practices, *Semiotext(e),* I, 65-74.

(1974b). *La Révolution du langage poétique,* Seuil, Paris.

(1975). The Subject in Signifying Practices, *Semiotext(e),* I, 19-34.

Lacan, Jaques (1966). *Ecrits I,* Seuil, Paris.

(1973). Le séminaire, Livre XI, *Les Quatre concepts fondamentaux de la psychanalyse,* Seuil, Paris.

(1975a). Le séminaire, Livre I, *Les Écrits techniques de Freud,* Seuil, Paris.

(1975b). Le séminaire, Livre XX, *Encore,* Seuil, Paris.

Laplanche, Jean (1970). *Vie et mort en psychanalyse,* Flammarion, Paris.

Laplanche, Jean, et J. B. Pontalis (1967). *Vocabulaire de la psychanalyse,* Presses Universitaires de France, Paris.

Lawler, James R. (1963). *Lecture de Valéry; une étude de Charmes,* Presses Universitaires de France, Paris.

(1974). *The Poet as Analyst : Essays on Paul Valéry,* University of California Press, Berkeley.

Lefèvre, Frédéric (1926). *Entretiens avec Paul Valéry,* Le Livre, Paris.

Lévi-Strauss, Claude (1949). *Les Structures élémentaires de la parenté,* Presses Universitaires de France, Paris.

(1958). *Anthropologie structurale,* Plon, Paris.

(1964). *Le Cru et le cuit, Mythologiques, I,* Plon, Paris.

(1971). *L'Homme nu, Mythologiques, IV,* Plon, Paris.

(1973). Introduction à l'œuvre de Marcel Mauss, *Sociologie et anthropologie,* Presses Universitaires de France, Paris.

Marino, Adrian (1972). "Modernity" and the Evolution of Literary Consciousness, *Diogenes,* 77, 110-37.

Melville, Herman (1956). *Moby-Dick,* Houghton Mifflin, Boston.

Morin, Edgar (1973). *Le paradigme perdu : la nature humaine,* Seuil, Paris.

Noulet-Carner, Emilie, éd. (1968). *Entretiens sur Paul Valéry.* Actes du Colloque du Centre Culturel de Cerisy-la-Salle. Mouton, La Haye.

Palmier, Jean-Michel (1969). *Lacan,* Editions Universitaires, Paris.

Pingaud, Bernard (1965). L'œuvre et l'analyste, *Les Temps Modernes,* 21, 638-46.

Renard, Michel (1969). Le narcissisme, *La Théorie psychanalytique,* Maurice Bénassy, éd., Presses Universitaires de France, Paris.

Ricardou, Jean (1971a). Penser la littérature aujourd'hui, *Marche Romane,* 21, 7-17.

(1971b). *Pour une théorie du nouveau roman,* Seuil, Paris.

Ricœur, Paul (1965). *De l'Interprétation : essai sur Freud,* Seuil, Paris.

(1967). La structure, le mot, l'événement, *Esprit,* 802-21.

(1969). *Le Conflit des interprétations : essais d'herméneutique,* Seuil, Paris.

Rifflet-Lemaire, Annika (1970). *Lacan,* Charles Dessart, Bruxelles.

Robinson, Judith (1963). *L'Analyse de l'esprit dans les Cahiers de Paul Valéry,* José Corti, Paris.

Robinson, Judith, *et al.* (1970-71). *Paul Valéry, Yale French Studies,* 44-46.

Rosolato, Guy (1969). *Essais sur le symbolique,* Gallimard, Paris.

Rouart, Julien (1975). Narcisse et la bisexualité psychique, *Revue Française de Psychanalyse,* 29, nos. 5-6, 993-8.

Saussure, Ferdinand de (1972). *Cours de linguistique générale,* Payot, Paris.

Scarfe, Francis (1954). *The Art of Paul Valéry : A Study in Dramatic Monologue,* Heinemann, London.

Schmidt-Radefelt, Jürgen (1970). *Paul Valéry linguiste dans les Cahiers,* Klincksieck, Paris.

Sollers, Philippe (1968). *L'Écriture et l'expérience des limites,* Seuil, Paris.

Starobinski, Jean (1961). *L'Œil vivant,* Gallimard, Paris.

Todorov, Tzvetan (1967). *Littérature et signification,* Larousse, Paris.

　　　　(1970-71). *Valéry's Poetics, Yale French Studies,* 44-46, 65-71.

　　　　(1971). *Poétique de la prose,* Seuil, Paris.

　　　　(1975). La lecture comme construction, *Poétique,* 24, 417-25.

　　　　(1977). *Théories du symbole,* Seuil, Paris.

Troubetskoy, N. S. (1964). *Principes de phonologie,* Klincksieck, Paris.

Valéry, Paul (1946). Sur les « Narcisse », *Paul Valéry vivant, Cahiers du Sud,* 24-25, no. spécial, 283-90.

　　　　(1957, 1960). *Œuvres,* Jean Hytier, éd., 2 vols, Bibliothèque de la Pléiade, Paris.

　　　　(1957-61). *Cahiers,* 29 vols, C.N.R.S., Paris.

Verrier, Jean (1972). Le récit réfléchi, *Littérature,* 5, 58-68.

Walzer, Pierre-Olivier (1953). *La poésie de Valéry,* Pierre Cailler, Genève.

Wardhaugh, Ronald (1969). *Reading : A Linguistic Perspective,* Harcourt, Brace & World, New York.

Wilden, Anthony (1968). *The Language of the Self,* Dell Publishing, New York.